KB184857

야, 너두
경매
할수있어!

야, 너두
경매

할 수 있어!

건축학을 전공한 아나운서의 부동산 투자 스토리

이현동 지음

도서출판 새빛
AEVIT

쇼핑이 제일 쉬웠어요

어릴 때부터 쇼핑을 잘했습니다. 여주 프리미엄 아울렛 창립 멤버(?)입니다. 2007년부터 다녔거든요. 거기, 개장할 때는 프라다 PRADA 매장도 없었죠. 주차타워는커녕 지하 주차장도 없던 시절부터 참 주야장천 드나들었네요, 저. 중부내륙고속도로를 탈 때면, 여주 휴게소 대신 여주 아울렛에서 1시간 머물 정도였으니까요. '돈 엄청나게 쓰고, 철없는 아이였구나.'라고 생각하실 수도 있습니다. 철은 좀 없었을지언정 지나치게 과소비하는 청년은 아니었다고 자부합니다. 네, 제가 진짜 쇼핑을 좀 잘했거든요.

어릴 때부터 새는 돈은 꼭, 꽉 막았습니다. 은행에 강제로 강탈당하는 ATM 출금 수수료는 정말 아주 많이 아깝더라고요.

당연히 절대 안 뺏기려 노력했죠.

"○○아, 그럴 거면 그냥 한 3만 원 뽑아. 수수료 아깝지도 않니?"

현금 인출은 평일 은행 영업시간 중에 하는 게 당연한 저였지만, 제 친구들까지 교화⒜시키진 못했습니다. 강남역에서 놀다 밤 10시에, 심지어 은행도 아닌 편의점에서 수수료 1,000원을 내가며 본인 계좌에서 단돈 1만 원을 뽑던 절친. 사람 쉽게 변하지 않는다는 걸 만날 때마다 손수 알려주던 내 친구. 아, 물론 이 친구 현재 잘 먹고, 잘살고 있습니다. 그리고 부자입니다. 아들도 있거든요. 미혼인 제게, 자식 있는 사람은 다 자산가로 여겨집니다.

"뭐하니? 여기 발레 되잖아!"

"어, 되는데. 잠깐만."

제 차를 타고, 밥 먹으러 갈 때 흔히 나누게 되는 대화입니다. 언제나 발레파킹을 거부하려 하죠. 우선 저는 발레파킹 아저씨가 제 자리, 운전석에 앉는 게 싫습니다. 제가 좀 예민해서요. 게다가 대개 채 10m도 이동하지 않고, 고난도 주차도 아닌데 그저 '대신' 해준다는 이유로 4천 원이나 받아 가죠. 싫습니다. 자연스레 부지런해집니다. 어디를 가든 출발 전에 목적지 근처 공영주차장을 찾아보게 되거든요. 합법적인 불법 주차(엄밀히 따지면 불법은 아님)의 달인도 됐고요. 낮 시간대에 텅 비어있는 빌라의 주차장을 잘 활용합니다. 이랬던 남다른 습관이 훗날 임장할 때 유용하게 재활용될지 그땐 몰랐죠.

뭐, 이런 식으로 돈을 아주 잘(?) 썼습니다. 쓸 때 제대로 확 지르고, 아닌 건 절대 지출하지 않는. 제 인생관처럼 소비도 '모 아니면 도'입니다. 여주 아울렛에서 정가 100만 원짜리 돌체앤가바나 스니커즈를 살 때, 60% 할인해 40만 원에 파는 걸 우선 집어 듭니다. 아껴뒀던 신세계 상품권 모아 모아 내고, 신한 LOVE 카드 5% 추가 할인받아 28만 원 정도에 사곤 했습니다. 아, 물론 대학생이 28만 원짜리 신발을 사는 게 과소비 아니냐 하실 수 있습니다. 뭐, 자기만족이 중요한 거니까요. 저는 만족했습니다. 각자 기준이 다르겠지만, 25만 원짜리 '조던' 신상을 정가 다 내고 사는 것보다 100만 원 하는 스니커즈를 대략 70% 절감해 28만 원에 사는 게 더 합리적이라고 생각해서요. 신발을 사던 방식이, 마치 단독 입찰해 낙찰에 성공하는 부동산 경매 같기도 하네요. 어릴 때부터 저 연습했네요. 자연스럽게.

옷 사고, 외양을 꾸미는 데는 크나큰 희열을 느껴왔지만, 고백건대 어릴 땐 집이나 부동산에는 전혀 관심이 없었습니다. 오히려 부동산 비관론자에 가까웠죠. 꽤 오랫동안 말이죠. 줄곧 저는 대한민국의 집값이 지나치게 비싸다고 생각했습니다. 물론 그런 값비싼 집을 살 돈이 없으니 자기 합리화해왔던 것일 수도 있습니다. 그래서 소액으로 할 수 있는 주식 투자에 매진했죠. 꽤 오래 했습니다. 안암동 K대 하나 스퀘어에서 1주에 492,000원 하던 삼성전자 보통주를 매수하고, 몇 달 후 60만 원에 팔았던 추억이 있네요. 할머니께 칭찬받았던 기억도 떠오르고요. 아, 그랬던 삼성전자가 훗날 200만 원을 돌파한 건 잊고 싶은 기억입니다. 결국 너무 무거워져 지금의 가격대로 분할하게 된 거랍니다. 아시죠?

그렇게 10년 넘게 주식 투자를 하다 보니 드림카도 사고, 스니커즈는 더욱더 많이 살 수 있었죠. 이렇게 쭉 스스로 만족하며, 부족하지 않게 지금처럼만 잘 살아가면 되는 줄 알았습니다. 그러다 제 인생을 바꾸는 대사건이 일어납니다. 2021년 10월 8일이었습니다.

"대박. 나 된 거야?"

스스로 물었습니다. 나 당첨된 거냐고. 이거 레알이냐고. 친구 따라 강남 간다고 했는데, 저는 친구 따라 판교 가게 된 날. 당시 말도 많고, 탈도 많던 대장동의 한 아파트. 화천대유가 어쩌고, 이재명 민주당 대표가 저쩌고 하며 중도금 대출이 안 나온다던 아파트. 그래서 100세대 넘게 계약을 포기해 줍줍 파티가 열린 아파트. 그 '판교 SK 뷰테라스' 84 A3 타입에 제가 당첨된 겁니다. 정말 덜컥.

어릴 때부터 비교적 운이 좋은 편이었지만, 무려 '343.4 대 1'의 경쟁률을 제가 뚫을 줄은 저도 몰랐죠. 분양가가 12억 원에 달해 당장 자금 조달하는 게 문제였지만, 그런 건 다 될 대로 된다고 생각했습니다. 늘 '될 놈은 된다.'라는 마음을 품은 채 살아가거든요. 예금과 주식 계좌를 탈탈 털고, 차입금을 최대한 당겨 자금 조달 계획서를 제출했습니다. 지난여름 사전 점검 때 맞닥뜨린 울창한 숲 뷰가 아직도 생생하네요. 하지만 이때도 여전히 부동산을 향한 제 시각만큼은 비관적이었습니다. 아니, 가히 삐딱할 정도였죠.

억세게 운 좋은 현동으로 주변인들의 부러움을 마구마구 받던 시기가 지나고, 다시 한번 인생의 변곡점이 들이닥칩니다. 저 멀리 우크라이나에서 말이죠. 러시아와 우크라이나가 전쟁할 것 같다더군요.

"아, 진짜 이제는 뭐 하다 하다 전쟁이냐?"

짜증을 넘어 분노에 가까운 감정에 휩싸이려던 시기. 결단을 내립니다. 주식 계좌에 있던 자금을 단 1원도 남기지 않고, 다 빼 버렸습니다. 늘 얇고 얇았던 CMA 계좌가 갑자기 빵빵해졌죠. 전 굉장히 공격적인 투자자라 예금 계좌에는 최소한의 금액, 1달 정도 먹고 살 정도만 남겨두곤 했거든요. 아이폰에서 유안타증권 MTS 앱도 지워버렸습니다. 2008년 리먼 브라더스 사태 직후 뛰어들었던 주식 시장에서 저는 그렇게 '자진 하차'를 선언합니다. 제 능력치가 아닌 예기치 못한 외부 변수에 제 자산이 등락하고, 흔들리는 패턴을 더는 못 참겠더군요. 동시에 유튜브 앱을 자주 켜게 됐습니다.

제도권(?) 출신 언론인이라며, 유튜브를 대놓고 무시하던 저였습니다.

"맞춤법도 다 틀리고, 검증도 안 된 인간들이 제멋대로 떠드는 그런 걸 방송이라고 보고 있냐?"

이랬던 제가 유튜브를 보기 시작한 이유는 단 하나. '부동산 경매' 때문이었습니다. 경매 고수들이 쓴 책은 모조리 읽어나가던 차에, 저자만 다를 뿐 거기서 거기인 내용에 싫증이 나버렸습니다. 뭔가 실제적이고, 실체가 있는 지식이 필요했죠. 깊은 이론보다 한 번의 '경험'이 더 가치 있다고 믿는 '경험주의자'이기에 고수라는 이들의 활자 대신 '경험치'를 제게 이식하고 싶었습니다. 유튜브엔 정말 날 것들이 많더군요. 그렇게 책에서 만난 고수 선배님들의 얼굴과 목소리와 일상을 탐닉하기 시작했습니다. 8개월 동안 말이죠.

정말 다 봤습니다. 책이란 책과 영상이란 영상을 다. 모조리 다. 공부 시작 전에 다짐했죠.

'누가 뭘 물어보든 다 답해줄 수 있을 경지에 이르렀을 때, 그때 내 투자를 시작한다.'

2022년 8월이었습니다. 이 다짐에 'Yes' 할 수 있다고 느낀 게. 그렇게 8월 4일에 인천지방법원에서 인생 첫 입찰을 하며, 경매시장에 당당히, 겁 없이 입장했습니다.

솔직한 편입니다. 틀린 말 하는 걸 굉장히 싫어하고요. 책임지지 못할 말을 하는 건 스스로 참을 수가 없죠. 그래서 제가 쓰는 글, 이 책은 현존하는 경매 고수의 그것과는 사뭇 다를 겁니다. 아, 일단 제가 아직 '고수'가 아닙니다. (보세요. 저 솔직하죠?) 혹시나 고수님께서 이 책을 펼치셨다면, 고이 내려두셔도 좋습니다. 그리고 제게 DM 주셔도 됩니다. 저 좀 가르쳐주세요. 제가 한 수 배우고 싶습니다. 전 여전히 갈구합니다. 제가 아직 갖지 못한 대가들의 경험치와 노하우와 스토리를. 모조리 다.

고수들과 저는 지내온 과거도 다소 다를지 모르겠네요. 적지 않은 선배들은 어릴 때 그리 풍족하지 못했고, 그러한 물질적 결핍이 성공을 향한 동기가 되어 지금의 자리까지 오른, 그런 경우가 많습니다. 저 역시 그들의 그러한 인생 스토리에 매료되어 부동산 비관론자에서 경매 찬양자가 됐고요.

저는 초등학교 6학년 때부터 백화점이 정면에 보이는 로열동 로열층, 정남향 8층 49평 아파트에서 살았습니다. 서울이 아니라 지방이긴 하지만 말이죠. 태어났을 때 주소는 강남 고속버스터미널 앞 한신 아파트였습니다. (아버지가 그 집을 팔지 않았더라면, 대구로 이사 가지 않았더라면…) 어쨌든 제 기준에서는 부족하지 않은 집에서 자랐습니다.

03학번 대학생이 되어 서울로 돌아와서는 기숙사가 아닌 월세 52만 원짜리 신축급 원룸에서 살았습니다. (기숙사 신청을 하지도 않고, 떨어진 척 연기한 걸 아버지는 아직 모르십니다) 군 전역 후엔 해외 배낭여행 안 가냐고 묻는 어머니께, 여행 보내주는 대신 차를 한 대 사 달라고 졸라 신차를 리스로 계약했습니다. 아르바이트는 딱 한 번 했는데, 대원외고 가겠다던 똘똘한 중3 남학생에게 6개월 영어 가르친 게 다입니다. 당연히 학자금 대출을 비롯한 빚이란 걸 져본 적도 없었습니다. 비상금을 품어야 마음이 편하다며, 겁도 없이 자기앞수표 10만 원권을 꼭 2장씩 지갑에 넣어 다녔습니다. 그러면서 은행에 수수료 갖다 바치는 친구들을 구박했고요.

인생을 돌아보면 결핍과는 거리가 먼 삶이었습니다. 다만 욕심은 컸습니다. 늘 만족하지 못했습니다. 물질뿐 아니라 모든 영역에서 말이죠. 오죽하면 제 호(?)가 'Not Yet'입니다. 현실에 감사하되 머무르지 말고, 만족하지 말고 꾸준히 더 나아가자는 마음으로 하루하루 살아갑니다. 열심히 사는 편입니다. 부동산 경매도 이렇게 합니다. 마음에 들면 사야 하죠. 끝까지 파헤치고, 머리를 굴리고 굴려 입찰합니다. 조금 지르기도 하죠. 사흘 연속 꿈에 나타날 정도로 정말 꽂힌 물건이라면 말이죠. 차차 하나씩 스토리를 풀어보려 합니다.

경매를 시작하면서 운 좋게도 최고수님이신 '행크 TV'의 송 사무장님, 강남 여의주님과 식사도 한 번 하게 됩니다. 꿈을 더 키울 수 있는 시간이었죠. '대장 TV'의 김상준 대장님도, 그의 출간 기념회에 참석해 대면했고요. 제가 한 인터뷰가 그날을 담은 '대장 TV' 영상의 끝을 장식하기도 했죠. 경매도 참 열심히 하고 있는 것 같네요, 저. 여러분도 저처럼 적극적으로, 능동적으로 살아가시죠? 아니어도 괜찮습니다. 이제부터, 저와 함께, 저처럼 하시면 됩니다.

꽂히면 입수하고, 반드시 취득하는 삶. 그렇게 꾸준히 우상향하는 삶. 오늘보다 나은 내일. 인생 최고의 순간은 아직 오지 않았고, 그 끝을 향해 삶이란 긴 여정에서 열정적으로 달리는 중. 이 글을 쓰는 와중에 카톡이 하나 왔습니다.

"사장님, 대장동 부동산입니다. 혹시 107동 304호 전매하실 계획은 없나요?"

"네네, 14억 원 이상이라면 생각해볼 만한데 힘들겠죠?"

그렇죠. 이 물건은 전세 한 바퀴 돌리고, 2년 후에 매도하려는 원안대로 가는 게 맞겠죠. 그러면 시세차익 최소 2억 이상은 얻게 될 테고요. 이렇게 늘 부동산과 숫자에 푹 빠져있는 저, 이제 겨우 경매 2년 차입니다. 감히 책도 쓰고 말이죠. 저 보면 아시겠죠? 여러분도 곧 저처럼 되실 거란 거.

금수저도 아니고, 그렇다고 흙수저도 아닌 그저 부러지지 않을 정도로 적당히 견고한 수저로 밥 많이 떠먹으며 열심히 살아온 아이. 그럭저럭 잘 살아가는 아이가 더 잘 살기 위해 시작한 부동산 경매. 공교육에서 배우지 못한 '돈 버는 경제'를 스스로 시장에서 깨쳐가는 이야기. 제가 해보려 합니다. 어떤가요? 조금은 흥미롭나요? 그렇다면 제가 한발 앞서 걸을 테니 제 손 살포시 잡으시죠. 그저 열정 품고, 따라오시면 됩니다. 천천히 첫발을 내딛겠습니다. 조금은 가벼운 몸과 마음과 말투로. Smart하고 Speedy하게. 시작!

MBC 〈구해줘 홈즈〉도 추천한,
마포구청역 초역세권 나의 공간에서
녹인.

차례

Prologue **쇼핑이 제일 쉬웠어요**   4

Chapter 1

물건 좀 볼게요: 시각

1-1   내 머릿속의 경매   21
1-2   저기 선생님, 어떻게 1억 3천이나 쓰신 건가요?   26
1-3   생애 첫 명도 협상 대상: 전직(?) 조폭님   31
1-4   인테리어는 632만 원이면 충분 (Feat. 손목 골절)   39
1-5   갑시다, 당근마켓 부동산으로!   46
1-6   갓길 질주의 끝? 타이어 펑!   52
1-7   계약서에 도장 꾸욱, 집에서는 물이 줄줄   57

Chapter 2

저 들어갑니다: 판단

2-1   한 달 1개 낙찰 프로젝트   67
2-2   집보다 땅이 더 크다고?   71
2-3   항소 말고, 항고라고요?   75
2-4   오 나의 절친님, 경매계 직원님   79
2-5   956만 원쯤이야, 5개월 훗   84
2-6   재건축, 재개발에 눈 뜨다   89

Chapter 3

예민하고 예리하게: Game

3-1 보물 발견! 97

3-2 내겐 소설보다 흥미로운 등기부등본 101

3-3 YouTube가 촉발한 Money Game 105

3-4 혼자서도 잘해요, 등기는 셀프로! 110

3-5 임대차 계약서 3종 세트 115

3-6 30대도 연금 받을 수 있어요, 무려 30만 원 124

Chapter 4

제가 알아서 할게요: 주관

4-1 임장을 위한 임장은 No! 133

4-2 네? 18만 원 차이라고요? 138

4-3 비대면 명도, 얼굴도 몰라요 144

4-4 최고의 듀오, 모자지간母子之間 151

4-5 30대 싱글남의 제주살이. 이십서십제! 158

Chapter 5

24시간이 모자라죠: 집요

5-1	꽂혔으면 꽂아야죠 깃발!	167
5-2	5천만 원이 1억 6백만 원으로 둔갑, 대출 마법사 MCI!	173
5-3	OMG! 조합원 지위 승계가 안 된다고요?	179
5-4	엄마는 암 투병 중, 딸은 연락 두절	185
5-5	2년 후 입주, 천지개벽	193

Chapter 6

최악의 악: 인내

6-1	내 뒤에 22명	201
6-2	안 나오면 쳐들어갑니다	208
6-3	법무 비용은 깎아야 제맛	214
6-4	체험! 박살의 현장!	222
6-5	ENTJ도 따뜻합니다, 내 사람에겐	228

Chapter 7

부동산이
정답도, 전부도 아닙니다 : 수익

7-1 일시 정지된 'Everyday 경매 Live'   237

7-2 월, 화, 목 : 주식 초단기 투자자   244

7-3 수 : 칼질이 너무 불안해요!   249

7-4 금 : 친절한 이 교수   256

Epilogue 오늘보다 내일 더 잘 사자, 잘 살자   262

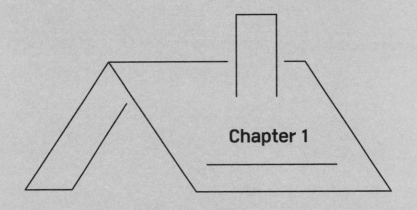

Chapter 1

물건 좀 볼게요:
시각

내 머릿속의
경매

A.M. 8:30. '빽빽빽' 아이폰의 알람 소리가 잠들어있던 집안 모든 걸 깨우는 때. 최근엔 조금 게을러진 것 같기도 하다. 2년 전까지만 해도 눈곱 다 떼고, 맑은 정신으로 HTS를 켜던 시각이었다. 동시호가의 등락을 보면서, 매 영업일의 아침을 붉게 물들이며 시작하곤 했다. 우크라이나와 러시아 사이 전쟁 발발이라는 예측 불가했던 명분 아래 주식 시장에서 은퇴했고, 요즘은 8시 반에 일어난다. 다소 늦게. 아, 물론 밤새워 물건 검색하다 검붉게 떠오르는 해를 맞이하기도 한다. 일주일에 2일 정도. 한 번 꽂히면, 리듬 타면 잠이고 뭐고 없는 스타일이다. 그냥 좀 밀어붙이는 타입이다. 그래서 별명도 '상남자 이아나'였다지. '상남자'는 자칭 반 타칭 반. '아나'는 아나운서의 줄임말이다.

오늘은 모닝콜이 필요 없었다. 어제 일찍 잠든 덕에 새벽 3시 반에 눈이 떠졌고, 이후 다시 몸을 뉘지 않았다. 제대로 삘(?)받은 날이었다고나 할까. 오후엔 용산에 분양하는 오피스텔 모델하우스에 다녀왔다. 현장이 용투사(용산 미8군 KATUSA)로 2년을 보냈던 남영역 근처이기도 하고, 2023년 기준으로 가장 핫한 지역인 용산인만큼 기대가 컸다. 여의도에서 1년 전 분양한 '앙사나 레지던스'의 분양상담사 L 팀장의 초대. 앙사나는 무려, 무려 38억이었다. 분양가가. 가수 장윤정 씨가 일찍이 분양받아 화제가 됐던 최고급 오피스텔이었다. 모델하우스를 1시간이나 둘러보고, 환대(?)도 받아 감사했지만, 계약은 힘들었다. 3억 8천도 아니고, 38억이라니. 그때 연을 맺은 L 부장은 날 잊지 않았고, L 팀장이 되어 용산으로 나를 초대해줬다.

이번 용산 분양가는 7말 8초. 마치 휴가철 같은 금액대. 나쁘지 않았다. 사전에 건네받은 자료를 꼼꼼히 검토하고 갔다. 단독 테라스가 딸린 1202호가 가장 마음에 들었으나, 8억 5천만 원이라는 분양가가 과연 적정한가 재고하고, 또 생각했다.

"OTP 가져오셨죠?"

역시나 파이팅 넘치는 L 팀장. 앙사나 때는 가져가지 않았던 OTP를 챙겨갔다는 건 나 역시 어느 정도 계약 의사가 있었다는 뜻. 하나 역시나 바로 도장을 찍지는 않고 돌아왔다. 월세로 210만 원을 보장(?)해준다는 다소 독특한 계약 시스템에 잠시 혹했으나, 계산해보니 수익률이 영 아니었다. 초기 실투자금이 1억 원 내외로 적다고 하지만, 중도금 대출도 아닌 주택담보대출에 가까운 대출을 받아야 하는 상황. 여전히 고금리 시대인데 대략 계산해도 한 달 이자가 300만 원에 가까운. 월세를 고려하면 오히려 마이너스. 왜 남다른 조건을 붙여 홍보하는지 이해가 됐다. 그저 오랜만에 용산 나들이했다는 데 의미를 뒀다.

"6억 5천이면 딱인데!"

아쉬움에 눈 한 번 찡긋하며, 짧은 임장 혹은 현장 상담 마무리. 동시에 관심 물건 리스트에서 곧바로 삭제된 에르모소 용산. 미래는 모르는 일이다. 이랬던 이 오피스텔이 L 팀장 호언대로 2년 후에 10억 원으로 오를지. 우리 다 알고 있듯이 투자는 본인이 판단하고, 본인이 선택하고, 그 결과까지 본인이 오롯이 책임 혹은 감당하는 것.

강행군 뒤 후유증인지 일찍 쓰러져 잠들었고, 새벽에 깨버려 지금껏 컴퓨터 앞에 앉아있다. 고백건대 예정대로라면 지금 인천지방법원에 있어야 했던 나. 하지만 가지 않았다. 심지어 물건 3개에 입찰하려던 날이었음에도. 아파트 2개와 인기공(인천기계공고) 재개발 구역 내 비교적 신축급 빌라 1개까지. '인기공'은 내 애증의 구역이라 추후 더 흥미로운 이야기를 풀어낼 예정임을 미리 알린다. 어쨌든 입찰은커녕 법원으로 향하지도 않은 오늘. 배가 불렀냐고? 초심을 잃었냐고? 음, 여전히 현생에 만족하지 못하며,

원대한 내 꿈을 이루기 위해 잠을 줄이는 현실을 보면 두 질문에 다 'no'라고 대답할 수 있겠다. 다만 지극히 '현실주의자'이기도 하다. 세 물건 다 내가 산정한 입찰가로는 낙찰 가능성이 5%도 안 된다고 봤다. 아니 그럼 입찰가를 더 높여 쓰면 되지 않냐고 반문할 수 있다. 당연하다. 그럼 보증금 내고, 영수증을 받아올 가능성도 커지겠지. 다만 그 정도로 간절하지 않은, 내 기준 수익률을 충족시킬 수 없는 물건이라는 사실에 셋 다 쿨하게 놓아주었다. 지금 시각이 갓 정오를 지났네. 개찰 중이겠군. 결과는 나중에 보련다.

이 시장에 뛰어든 지 3년이 됐다. 겨우 혹은 어느덧 3년 차. 2022년 8월 4일에 생애 첫 입찰을 했더랬지. 첫 전장은 인천지방법원이었다. 경매인의 성지. 그로부터 2년이 흐른 오늘까지 이 경매시장은 참으로 다이내믹하고, 다이내믹했다. 매일 경매시장에서 'Live'모드로 살아가는 나이지만, 시장은 참 빠르다. 그 변화가. 그래서 늘 레이더망을 켜둬야 한다. 물건 검색은 기본이고, 최근 낙찰가율의 변화와 시장 금리, 세제 개편안, 경쟁자들의 참여도, 내 자본의 흐름까지. 심지어 날씨도 본다. 날짜도 본다. 장마철에는 상대적으로 법원 가기 힘들 테니, 휴가철에는 평소보다 사람들이 법원으로 덜 향할 테니. 이래서 우리는, 진정 경매인이라면 'Everyday 경매 Live' 해야 한다. 지난 2년 반의 나를 모조리 오픈하려 한다. 영원히 잊을 수 없는 그 시기, 우선 2022년 8월을

야, 너두 경매 할 수 있어!

회상한다.

녹인의 notice!

1 투자는 내가 선택하고, 판단하고, 실행하는 것. 남의 말 듣고, 믿고, 내 돈 쓰지 않길.

2 현실 감각 잃지 않기. 이상과 현실의 간극 좁히며, 가능성 낮은 물건은 놓아주기.

3 24/7 경제, 경매, 부동산 시장에 푹 빠져 살기. 목숨 걸기.

저기 선생님,
어떻게 1억 3천이나
쓰신 건가요?

부동산 경매는 쉽지 않았다. 2021년 12월부터 22년 7월까지 8개월 동안 책이란 책과 떠다니는 유튜브 영상을 모조리 독파했건만. 경매라는 녀석은 주식과는 달랐다. 내가 원하는 종목을, 가능한 시간대에, 휴대전화만 있다면 어디에서나, 대체로 원하는 가격에 매수할 수 있는 주식 시장. 반면에 경매는 내가 원하는 물건을, 정해진 날 오전 시간대에, 관할 법원까지 달려가서, 대체로 내가 원하지 않는 가격이자 경쟁자들을 모조리 무찌를 수 있는 최고가에 겨우 매입할 수 있는 것. 1등만 살아남는 시장. 냉혹한 시장. 뭐, 본래 인생이란 그런 것이지만. 이 회색빛 경매시장은 내게 쉽게 손 내밀어 주지 않더라. 호기롭게 달려들었지만 호호 웃으며 귀가하지 못하는 날들의 연속. 나의 여름날은 그렇게 헉헉

야, 너두 경매 할 수 있어!

대며, 땀에 젖어갔다.

3번 패찰했다. 10번 안에 낙찰하면 성공이라고들 하던데, 성격 급한 나에겐 그건 그들의 물러터진 자기 합리화일 뿐이었다.

'HTS도 지우고, 내가 공부를 얼마나 했는데.'

주식 시장으로 유턴할까 고민하기도 했다. 하지만 그 순간에도 우크라이나와 러시아는 여전히 포탄을 쏘아대고 있었다. 승부를 보기로 한 이상 은퇴(?) 번복은 있을 수 없었다. 나도 우크라이나처럼 경쟁자들에게 한 방 날려야겠다고 생각하며, 공격적으로 입찰가를 산정했다. 그리고 내 미사일이 처음으로 명중했다. 낙찰이라는 과녁에. 드디어.

8월 23일 화요일 아침. 이제는 루틴이 되어버린 법원 출근 시각. 9시 반 출발. 역시나 목적지는 인천지방법원. 마포 우리 집에서 그 시간대에는 내 운전 실력으로 50분 정도 걸린다. Smart 하게(요즘엔 다 이렇게 하겠지만) 전날 출발 시각에 맞춰 '티맵'으로 예상 소요 시간을 체크한다. 법원 도착 후에 꽤 오래 소요되는 주차 대기시간을 고려해 도착 시각을 맞춘다. 내게는 오전 10시 반이다. 그러면 10시 50분에는 주차 완료. 바로 경매 법정으로 향해 전날 미리 완성해둔 입찰 봉투를 무심하게, 시크하게 투척한다. 11시 즈음에 모든 작업 완료. 이후 신한은행에서 입출금 관련 업무를 처리한다. 수표 뽑고, 현금 돌리고 은근히 뭐 이래저래 할 게 많다. 경매인이라면 공감하실 듯. 그러다 설렁설렁 11시 반쯤,

1층 법정으로 귀환. 개찰 시작이다. 두근두근.

"2021 타경 3016, 인천 부평구 삼산 아트빌에는 총 13분이 입찰하셨습니다."

13명이라니. 아오. 또, 머리가 아팠다. 하지만 뭔지 모를 자신감은 사라지지 않더라. 이날만큼은. 이건 무조건 내가 받는다고 생각했다. 공격적이었기에. 꽤나.

"본 사건의 최고가 매수인은 1억 3천 1만 1천 원을 쓰신 이현동 씨입니다. 차순위 매수…."

"Yes! Yes!!"

집행관의 1등 발표를 듣고, 법정에 두 발을 붙인 채로 점프했다. 소리 내지 않고 환호성을 질렀다. 드디어 처음으로 금메달을 땄다. 4번의 입찰 만에 그토록 고대하던 첫 물건을 획득하는 순간이었다.

12인 패배자의 부러움 가득한 시선을 조명 삼아 런웨이를 걸었다. 사뿐사뿐. 집행관에게 감사의 목례 후, 영수증을 받아 들고 180도 턴한 후 턱을 살짝 쳐들고, 도도하게 퇴장했다. 그냥 그렇게 취하고 싶었다. 첫 낙찰의 환희에. 그 기쁨에. 이내 대출 상담사 누님(?)들이 나를 에워싸며, 그 분위기를 증폭시켰다.

"네, 개인이고요. 분양권 하나 있습니다. 010 2823에…."

그렇게 내 개인정보를 아낌없이 흘리고 법정과 멀어지려는 순간, 누군가 빠른 속도로 내게 접근한다는 걸 직감했다. 움찔하진

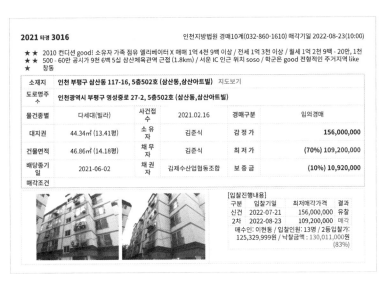

2021 타경 3016　　　　　인천지방법원 경매10계(032-860-1610) 매각기일 2022-08-23(10:00)

★ ★ 　2010 컨디션 good! 소유자 가족 점유 엘리베이터 X 매매 1억 4천 9백 이상 / 전세 1억 3천 이상 / 월세 1억 2천 9백 - 20만, 1천
★ ★ 　500 - 60만 공시가 9천 6백 5십 삼산체육관역 근접 (1.8km) / 서운 IC 인근 위치 soso / 학군은 good 전형적인 주거지역 like
★ 　창동

소재지	**인천 부평구 삼산동 117-16, 5층502호 (삼산동,삼산아트빌)**　지도보기			
도로명주소	**인천광역시 부평구 영성중로 27-2, 5층502호 (삼산동,삼산아트빌)**			
물건종별	다세대(빌라)	사건접수	2021.02.16	경매구분	임의경매
대지권	44.34㎡ (13.41평)	소유자	김준식	감정가	156,000,000
건물면적	46.86㎡ (14.18평)	채무자	김준식	최저가	(70%) 109,200,000
배당종기일	2021-06-02	채권자	김제수산업협동조합	보증금	(10%) 10,920,000
매각조건					

[입찰진행내용]
구분	입찰기일	최저매각가격	결과
신건	2022-07-21	156,000,000	유찰
2차	2022-08-23	109,200,000	매각

매수인: 이현동 / 입찰인원: 13명 / 2등입찰가: 125,329,999원 / 낙찰금액: 130,011,000원 (83%)

첫 낙찰! 2021 타경 3016

않았지만, 방어적인 자세를 취하려는데.

"죄송합니다. 저기 선생님, 어떻게 1억 3천이나 쓰신 건가요?"

"네?"

아나운서 시절 중학교에 언론인 특강을 갔을 때 이후 처음 듣는 호칭이었다. 선생님. 심지어 그는 나보다 10살은 많아 보였다. 예의 바른 분. 대답하지 않을 이유가 없었다.

"아, 분석 다 하셨죠? 전 이 물건 완전 마음에 들어서 무조건 받으려고 앞자리 바꿨습니다."

"그러셨구나. 1억 3천 대까지 쓰는 분은 없을 줄 알았거든요.

혹시 업체에서 나오신 건가요?"

순간 엷은 미소가 내 입가에 번졌다. 호호.

"아뇨. 저 오늘 이 물건이 첫 낙찰입니다."

"네? 네…."

다소 놀란 듯, 멀어지는 내 뒤통수를 한동안 응시하는 그의 눈빛을 뒤로한 채 정말 퇴장했다. 그렇게 난 첫 낙찰에 '선생님'이 됐고, 그날의 희열을 간직한 채 '진짜 선생님'이 되기 위해 살기 시작했다.

녹인의 notice!

1 늘 여유롭게 법정 도착하기. 입찰표는 전날 미리 쓰기. MBTI 'P'여도 입찰일 하루만큼은 'J'로 살기.

2 2등은 의미 없다. 꽂힌 물건이라면 과감히 지르길. 전략적으로 앞자리 숫자 바꾸기. 올려치기.

3 한 달에 하나 낙찰받겠다는 목표로 입찰하고, 또 입찰하기. 패찰 일상에 적응하며.

생애 첫 명도 협상 대상:
전직(?) 조폭님

"아유, 그분 사람 좋아요. 꽤 오래 사셨는데. 아들이 사업을 하다 잘 안됐나 봐요."

낙찰받은 빌라 바로 앞에 있는, 누가 봐도 그 동네 1등 같아 보이는 공인중개사 사무소 대표님의 말씀에 마음이 놓였다. 역시 '될 놈은 된다'라는 내 신조대로 첫 낙찰부터 뭔가 술술 풀리는 느낌이었다. 낙찰 후 일주일 동안 대출 관련 조율을 했고, 경매계에 가서 관련 서류도 꼼꼼히 열람했다. 8개월 동안 경매 관련 책과 유튜브 영상을 모조리 흡수하며, 꽉꽉 채운 지식들. 그걸 토대로 겁 없이 하나씩 액션을 취해나갔다. 재미있었다. 상상을 현실로 옮기니.

이틀 후 오후. 모르는 번호로 전화가 왔다. 느낌이 왔다. 이거

구나. 올 게 왔구나. 드디어 명도 협상이 시작되는구나. 내 생애 첫 명도. 해보자. 신난다.

"아, 그 낙찰 받은 분이죠? 저 여기 삼산 아트빌 사는 사람입니다."

"네. 선생님, 안녕하세요. 안 그래도 연락 기다리고 있었습니다. 낙찰받은 본인 맞고요. 이현동입니다."

귓가에 닿는 점유자이자 소유자의 목소리는 꽤 평온한 편이었다. 긴장 잘 안 하는 나이지만, 이때는 조금 떨렸던 게 사실.

"뭐 당장이라도 짐 빼서 나갈 수 있어요. 이 집에 더 있고 싶지도 않고."

스스로 짐을 빼시겠다? 난 아무 말도 안 했는데? 생각보다 너무 수월한 전개에 자신감이 붙었다. '명도 뭐 별거 아니네!'라고 머릿속으로 외치며. 그렇게 짧은 첫 통화 후, 3일 후에 그와 대면하게 됐다. 옆엔 미지의 여성이 앉아있었다. 그리고 그녀가 먼저 입을 열었다.

"생각보다 젊으시네. 우리 아들보다도 어리겠는데."

"아, 제가 생각보다 나이가 많습니다. 아드님이 79년생이니까 제가 더 어리긴 하네요."

예상했던 나이 공격(?)에 아들 나이로 되치기하니 꽤 당황한 듯한 둘. 등기에는 채무자인 아들의 생년까지는 나와 있고, 이미 이 물건의 스토리는 다 파악한 상태였다. 이 정도는 무장해야 명도라는 전쟁에서 승리할 수 있을 테니. 그리고 스리슬쩍 음성 녹음 앱을 켜고 아이폰을 뒤집어 테이블에 올렸다.

"아니, 우린 어떤 사람이 나올지 모르니까. 내가 이 사람한테 같이 좀 오자고 했어. 내가 젊은 사람한테 한 대 맞을지도 모르잖아."

알고 보니 둘은 한때는 부부, 지금은 각각인 사이였다. 그러면서 은근슬쩍 짧아지는 어미에 살짝 체온이 올라가고 있었지만, 냉정을 유지해야 했다.

"네, 뭐 보셔서 아시겠지만 제가 그럴 사람은 아니고요. 이사 계획은 세우셨나요?"

"이사? 우리는 지금 갈 데가 없어. 뭐 돈이라도 좀 받아야 집을 알아보든지 하지."

며칠 전에는 먼저 짐 빼서 나가겠다더니, 역시 사람이라는 생물체는 믿을 게 못 된다. 그사이 내게 선방을 날렸던 여성이 아이스 라떼를 가져다준다. 굳이 구분 짓자면 내가 갑嗎, 이들이 을乙. 당연히 갑인 내가 커피를 사려 했으나, 그 여성이 자기들이 사겠다며. 커피 한잔 사고, 이사비 왕창 뜯어낼 생각이었나보다 했다. 물론 그런 얄팍한 전략에 말릴 내가 아니니 그저 감사할 따름. 한여름 대낮에 테라스에 앉아 '아라' 사주신 건.

"선생님, 이게 제 명의로 낙찰받은 물건이긴 한데, 사실은 저희 회사에서 진행하는 건입니다."

"뭐? 그건 또 무슨 말이야? 그러면 왜 자네가 나온 거야?"

"네, 제가 이 물건 담당자이긴 한데, 뭐 결정하고 그럴 권한은 없고요. 저희 대표님이 시키는 대로 제가 추후 전 과정 진행만 담당할 예정입니다."

"알겠어요. 우리는 이사비 300만 원 주시면, 바로 나갈 준비 할게요."

그나마 존댓말은 해주는 여성이 또 먼저 치고 나왔다. 근데 300이라고? 허허.

"네, 근데 두 분이 조금 잘못 알고 계시는데요. 일단 선생님은 임차인이 아니고, 소유자이시기 때문에 저희가 이사비를 드릴 법률상 의무는 없고요. 그런데도 아드님 때문에 이렇게 된 거고, 어떻게 보면 임차인 같기도 하니 저희가 도의적으로 도와드리려 하는 겁니다. 300만 원은 안 됩니다."

"아니, 내가 아들놈 때문에 지금 작살나서 이 지경인데. 법을 들먹여요?"

서서히 달아오르는 분위기. 미소를 잃지 않았다. 사실 조금 재미있기도 했고.

"네네, 근데 제가 결정할 수 있는 게 아니…."

웃는 얼굴에 침 못 뱉는다고 하니, 계속 웃고 있었다. 상대가 기분 나쁘지 않을 미소로. 한 달 이내에 이사할 경우 150만 원, 두 달 이내에는 100만 원, 석 달 이내에는 50만 원, 그 이후엔 이

야, 너두 경매 할 수 있어!

사비 없다는 합의서를 내밀며 협상을 이어갔다. 가만히 보고 있던 여성이 또 치고 나왔다.

"만약에 한 달 안에 200 안 주시면 그냥 3개월 살고, 50 받고."

"아뇨. 3개월이 지나면 50이 아니고, 3개월 이내에 나가셔야 드리는…."

굉장히 이성적으로 또박또박 다 반론했다. 내가 생각해도 이때 난 조금 얄미웠으리라. 사실 태어나서 말싸움을 져본 적은 없다. 논쟁도 좋아하고, 토론도 즐기고. 언론인 출신인 나 아닌가.

"아니 그러니까. 안 받을게. 안 받으면 되잖아."

흥분한 둘의 호흡이 착착. 동시에 내게 눈을 부라리며, 쏘아붙였다.

"네, 그러면 3개월까지 저희가 기다리지는 않고, 그 전에 강제집행을 하게 됩니다."

"아유 알아서 해. 그건 알아서 하라고. 법대로 할 거면, 나는 내가리⑦ 싸움을…."

"아니 그러니까 이건 법대로 하는 게 아니고요. 저희가 이사비 드릴 의무가 없는데, 두 분께 호의를 베푸는 거죠. 그렇게 말씀하시면 안 되죠."

주도권은 이미 나에게로 넘어온 듯했다.

"이거 봐요. 젊은 사람이 그렇게 하면 안 되는 거야. 살날이 많은 사람인데."

"…"

"아니, 그러니까 이 사람아. 나는 갈 데 못 갈 데 다 갔다 온 놈이야. 내가 친구 놈들한테 쪽팔려서 진짜. 여기 부천 건달 동생 애들 집 주변에 쭉 있어요. 김포에도."

조폭이었다는 건가. 체격이 좋긴 했지만, 그 정도로 험한 사람 같지는 않았다. 어쨌든 흔들리지 않고, 다 듣고 다 대응하는 날 보며 그 둘도 날 '만만치 않은 놈⑵'이라 생각했을 듯. 내 앞에 앉아 있는 조폭님⑵도 점점 내게 공손해지는 느낌도 들었고. 이제야 본인이 현시점에서는 '을'이란 사실을 제대로 인지한 것 같았다.

"내가 그 ×× 때문에. 500 털리고. 진짜 잡아 죽일. 아오."

채무자의 아버지이지만, 엄연히 채무자는 아니니 이 물건에 입찰했단다. 와우. 그 와중에 컨설팅⑵받으셨고. 무려 500만 원이나 줘버렸다는. 차라리 그 500을 입찰가에 더하시지. 물론 그랬어도 내가 낙찰받긴 했겠지만. 허공에 날아간 그 500만 원이 너무나 아까울 따름.

"가보시면 아시겠지만, 엘리베이터도 없고, 구조도 별로고."

이제 전직 조폭님의 전처는 집을 깎아내리기 시작했다. 나한테는 그리 통하지 않는 전략인데 말이지.

"그럼, 제가 일단 저희 대표님께 연락을 한 번 해볼게요."

그러고는 잠시 둘에게 전략 수정 시간을 선사했다. 난 뭘 했냐

36

고? 카페 옆에서 잠시 인스타그램으로 친구들의 오늘을 감상하고 있었다. 마치 10분간 '휴정' 같은 느낌이었다.

자리로 돌아가니 그들도 감정은 감춘 채 이성적인 존재로 변해있었다. 그러고 나서 일단 함께 집으로 이동했다. 실제로 맞닥뜨린 집 내부는 사진으로 본 모습보다 더 좋았다. 수리할 게 그리 많아 보이지 않았다. 방 3, 화 2 모두 레이저 눈빛으로 체크 후 사뿐히 거실 테이블 곁에 앉았다. 다시 합의서를 꺼내 들었다.

"그러면 일단 오늘 이거 쓰시죠. 그래야 저도 대표님한테 뭐라도 말해볼 구실이 생기니까요."

"그래. 그거 얼른 사인해요."

내게 동조해주는 여성. 역시 우리 남성(나 포함)보다 여성의 상황 판단력이 낫다. 그렇게 롤러코스터 타듯 예측 불가하면서도 무섭진 않고, 흥미로웠던 내 첫 명도 협상은 종료됐다. 합의서에 도장도 받아냈고. 계획대로 결과를 끌어냈다. 이 낭보를 대표님께 보고해야 하는데. 어디에 계시려나. 당연한 소리지만, 미지의 그 대표님은 이후 꿈에서조차 만날 수 없었다.

녹인의 notice!

1 웃는 얼굴에 침 못 뱉는다. 다만 지나치게 환한 미소 대신 여유 넘치는 미소 장착하기.

2 멘탈 잡기. 절대로 상대에게 휘둘리면 안 된다. 협상은 주도권을 뺏기는 순간 그걸로 끝이다.

3 제3자 화법으로 임하기. "제가 결정권자가 아니라서요." 전법. 사전에 미지의 대표님 취임시키기.

인테리어는 632만 원이면 충분
(Feat. 손목 골절)

"1,800만 원이 나왔네요? 제가 분명히 예산이 500이라고 말씀드렸는데."

"저희가 설명해드린 대로 뽑은 견적이 그렇습니다. 요즘 인부 부르기가 쉽지 않거든요. 조금 더 나왔습니다."

1,300만 원이 '조금'이구나. 미처 몰랐다. 아니, 알 수가 없지. 말이 안 되잖지 않나. 독자님, 동의하시나요? (고개를 절레절레하고 계시죠?) 방구석 내 멘토님이었던 '대장 TV'의 대장님을 만나고 온 며칠 후였다. 그의 출간 기념회에 당연히(?) 참석했고, 심지어 대장 TV와 인터뷰까지 했다. 그날 유튜브 영상의 말미를 내가 장식했다. 풋풋했던 '경매 꼬마'의 내가 그리울 때, 한 번씩 그날의 날 찾아보곤 한다. 그리고 그날 대장님께 소개받은 인테리어 업체. 대

장님을 믿고 연락해 현장 미팅 후 그들에게 받은 견적이 저러했다. 예산보다 1,300만 원 오버. 아, 물론 대장님의 잘못은 1도 없다. 소개와 관련해 아무런 사적 이익을 취하지도 않았고. 다만 내가 너무 '초짜' 느낌이 났거나, 너무 어려 보였거나, 인테리어 업자가 너무 폭리를 취하려 했거나, 셋 중 하나이겠지. 기왕이면 두 번째 이유였으면 좋으련만. 호호.

당연히 그 업체와는 소통을 끊고, 새 업체를 물색했다. '트리마제'도 아니고, 내가 실거주할 집도 아니기에 힘을 확 빼야 했다. 낙찰받은 빌라 반경 10km 안에 있는 인테리어 업체를 추렸다. '숨고' 앱이 꽤 도움이 됐다. 아파트 인테리어 시공 결과물이 많고, 직감으로 끌리는 업체 서너 군데에 연락했다. 이번에도 다른 조건은 없었다. 그저 딱 하나. 예산 500만 원.

"아, 사장님. 솔직히 500은 조금 어렵고요. 일단 최대한 맞춰 보겠습니다."

두 번째로 현장에 온 대표님이 좀 내 스타일이었다. 묵직한 한 방을 갖춘 듯한 느낌. 입에 발린 소리 안 하고, 솔직히 설명 다 해주신 후, 성실히 공사까지 완료해주실 것 같은 느낌적인 느낌말이다. 오기로 한 다음 업체에 연락해, 오지 않아도 된다고 알렸다.

"최대한 맞춘 견적인데, 5층이다 보니 계획 금액보다 조금 올라갔습니다."

"네, 사실 저도 500은 좀 무리라고 생각했고요. 이 정도면 좋습니다. 계좌번호 알려주시고요."

어울림 인테리어 L 대표의 총액 6,325,000원 견적서는 우리 집에 참 잘 어울렸다. 이렇게 첫 인테리어 계약도 체결. 역시나 될 놈은 되는구나. 술술 잘 풀렸다, 모든 게. 나노 L 대표도 건치 미소만큼이나 건강했고, 그땐.

매장에 방문해 벽지와 장판, 필름을 골랐다. 전체적으로 고급스럽고, 깔끔하게 연한 그레이톤을 많이 썼다. 방 3개와 화장실 2개의 문은 살리고, 필름 시공 후 손잡이만 교체하기로 했다. 콘셉트에 맞게 촌스럽지 않은 유광 골드 손잡이를 주문했다. 쿠팡은 모든 걸 다 팔더라. 이후 'Jejuwah' 세팅 때는 삼성전자 아닌 가히 '쿠팡 전자'의 활약이 대단했다.(에피소드 기대하시길)

2022년 8월 23일에 낙찰받아 조폭(?) 출신 아저씨와 험난하게 명도 협상까지 한 이 빌라. 계절 하나를 보낸 후 11월 10일에 부분 리모델링 공사를 시작했다. 대망의 '첫 삽' 같은 느낌이랄까. 속에서 올라오는 그 무언가에 짐짓 뭉클해지던 날이다. 꾸준히 인천지방법원에 입찰하러 다니며, 귀갓길에 신난 기분 주체 못하고 공사 현장에 가곤 했다. 내가 산 집이 내가 원하는 스타일로 변신한다니. 그 설렘은 그땐 꽤 거대했다. 공감 못 하시는 독자님은 얼른 낙찰받고, 저와 같은 감정 느껴보시죠. 격하게 응원합니다. 그리고 도와드릴게요, 제가.

공사 시작 후 2주가 흐른 날, 여느 때처럼 L 대표에게 공사 진

견 적 서

어울림 인테리어
Total Design / ULRIM Interior / ULRIMINTERIOR.co.kr

2022년11월		공 급 자		
	사업자 등록번호	199-29-00617		
귀하	상 호	어울림인테리어	이 제 모	(인)
	사업장 주소	인천광역시 부평구 주부토로 275 1층		
아래와 같이 계산합니다.	업 태	건설업, 도소매업	인테리어공사 건축자재	
전화 번호	사무실 : (032) 527-2227 팩스 : (032) 527-2228 담당자 : 010-9017-5307 (이제모)			
입금 계좌				

총 합계금액 (부가세 별도)			₩6,325,000				
순번	품목	규격	수량	단가	공급가액	세액	비고
1	인테리어 필름	식	1		1,000,000		
싱크대 및 아트월 인건비 3품 및 자재비							
2	도배	식	1		900,000		
전체 광폭합지 시공							
3	장판	식	1		700,000		
4	ㄱ자 중문	식	1		1,300,000		
5	등기구 및 콘센트	식	1		650,000		
6	욕실 자재 교체	식	1		600,000		
수납장 2개 코너선반 3개 3홀샤워겸용수전 교체 악세서리4종 셋트 2개 , 슬라이드 수전 1개							
7	철거	식	1		350,000		
장판 및 등기구 욕실기구 철거 폐기물 처리							
8	공과 잡비	%	15		825,000		
경비 및 식대 폐자재 처리비 자재양중 사다리차 대여등							
견적서 외 공사 별도입니다							
부가세 별도입니다 이 견적서는 영수증으로 사용할수 없습니다							

삼산아트빌 인테리어 견적서

야, 너두 경매 할 수 있어!

척 상황을 문자 메시지로 물었다. 답이 없었다. 꽤 오랜 시간 동안. 그리고 나서 전화가 왔다. 날카로운 벨 소리가 묘하게 다급함을 품고 있었다.

"사장님, 제가 지금 병원에 와있습니다. 계단에서 넘어저 버렸습니다. 손목이 좀…."

"네? 우리 집 계단에서요? 많이 다치셨나요?"

"제가 좀 서두르다가 발을 헛디뎠습니다. 철심을 몇 개 박았네요."

웃는 목소리였지만, 얼굴은 그렇지 않다는 걸 보지 않고도 알았다. 너무너무너무 죄송했다. 본인 부상으로 공사가 지연되어 죄송하다고 하던 그. 복잡미묘한 감정이 밀려왔다. 지극히 이성적이며, MBTI가 'ENTJ'이지만, 그땐 'F' 수치가 제멋대로 격하게 상승했다. 한편으로는 지연되는 열흘 정도가 굉장히 크게 다가온 것도 사실.(역시 이내 이성적 사고 발동) 인테리어 공사만 끝나면, 당장 새 세입자를 들일 수 있을 거라 믿었다. 훗날 어마어마한 공실 기간이 닥쳐올 거란 건 상상조차 못 했다.

열흘 후 12월 4일.

"사장님, 공사가 너무 늦어져서 죄송합니다. 중문은 고급형으로 업그레이드해서 설치하겠습니다."

"아이고. 그렇게까지 안 해주셔도 되는데요."

"아닙니다. 다 이해해주시고, 기다려주셨는데 이건 제가 해드리겠습니다."

역시 내가 사람을 참 잘 봤나 보다. 묵묵히 기다렸던 내게 묵직한 감동을 던져준 L 대표. 공기가 길어진 만큼 완성도는 높았고, 하자 보수까지 완벽하게 마무리해준 L 대표. 이후 인천 인테리어는 무조건 '어울림'이다. 한 번 '내 사람'이 되면, 그냥 쭈욱 밀고 가는 뭔가 그런 고지식함 혹은 고집이 있다.

도배, 장판, 필름, 고급형 중문, 화장실 2개 부분 리모델링, 조명 교체 시공. 예산 500만 원은 협상용 금액이었고, 중문 업그레이드 포함 632만 5천 원은 최선의 비용 지출이었다. 놀랍게 변신한 집 이방 저방을 신나게 뛰어다녔다. 당장 내일이라도 입찰 때 시세였던 1억 5천에 전세 세입자를 들일 수 있으리라 확신했다. '플러스 P'를 얻을 생각에 들뜨고 들떴더랬지.

녹인의 notice!

1 인테리어 견적은 물건지 주변 업체를 추려 최소한 세 군데 이상 의뢰하기.

2 협상은 선방을 날려야! 초두효과初頭效果. 지출할 수 있는 금액보다 10% 정도 낮춘 견적 금액을 먼저 제시하기.

3 결국 사람과 사람 간의 일. 마음 맞는 업체와 쭈욱 동행하시길.

갑시다,
당근마켓 부동산으로!

뭘 하든 비용은 최대한 아끼는 게 좋다. 필수적인 지출도 줄일 수 있다면 그러는 게 좋겠지. 내겐 '중개 수수료'가 그런 항목이었다. 물론 지금도 그러하다. 낙찰받은 첫 물건부터 공인중개사의 도움 없이, 내가 직접 처리하고 싶었다. 직거래하면 중개 수수료 수십만 원을 아낄 수 있는데, 안 그럴 이유가 없었다. 게다가 내가 심히 편애하는, 간판 없는 부동산이 한 곳 있기도 했다.

난 '당근마켓'을 매우 애정한다. 여러모로 참 유용한 실체 없는 가게다. 신세계 상품권을 5% 할인 구매해 여주 프리미엄 아울렛에서 옷을 산다. 도쿄 여행 가기 전에는 우리은행 대신 '당근마켓 은행'에서 엔화를 환전한다. 소액 환전은 법적으로도 아무런 문제가 없기에. 팔 때는 더 흥미롭다. 10년 전에 입었던 옷도 팔

수 있는 가게가 당근마켓이더라. 절대로 안 팔릴 것 같은 물건조차 원하는 사람이 있는 공간, 그곳이 당근마켓이다. 그래서 결심했다. 여기에 매물을 등록해야지 생각했다. 나의 첫 낙찰 물건을. 전세 계약 의뢰를. '당근 비공인중개사'에게.

우선 사진을 잘 찍었다. 정말 잘 찍어야 한다. 수평, 수직 딱딱 맞춰가며 구도 완벽하게 뽑는 게 우선. 이후 색감, 선명도 등도 보정해야 한다. 이럴 땐 5년제 건축학사의 캐릭터가 발휘되는 느낌. 1년이나 더, 대략 1천만 원이나 학교에 더 바쳤는데 이 정도는 뽑아야지.(사실 인스타그램 하며 체득한 기술이 더 효과적이긴 하지만) 마치 전문가가 찍은 듯한 느낌이 나오도록. 사진 찍는 연습도 해야 합니다. 꼭이요. 여러분!

당근마켓에 비하면 다소 공인된(?) 듯한 온라인 사무소도 빠뜨리지 말아야 한다. 직방, 다방, 네이버 '피터팬의 좋은 방 구하기' 카페 등이다. 예비 세입자들이 동네 공인중개사 사무소보다 먼저 방문하는 온라인 부동산에 먼저 매물을 올려야겠지. 요즘은 발품보다 손품이 우선인 시대다. MZ세대는 물론이고 그들의 엄빠 세대도 온라인 공간 탐험에 능숙하다. 특히나 부동한 투자를 하는 이들이라면, 그 실력이 더 탁월하리라.

온라인 중개 플랫폼은 나의 매물을 널리 알리는 데 도움이 되긴 하지만, 오프라인 부동산처럼 중개 수수료를 받는다. 비용 절감은 되지 않는다는 의미. 그래서 '당근 부동산'이 1순위였다, 내겐. 실전이지만, 마치 당근마켓을 위한 연습처럼 올려봤던 중개 플랫폼 속 사진과 글을 그대로 당근마켓에 옮겨 온다. 사진은 20 장까지 업로드할 수 있는데, 거기에 방점 하나를 찍어야 한다. 플 러스 알파, 바로 동영상이다. 유튜브 '녹인 TV'에 담은 매물 소개 영상을 편집해 당근마켓에도 올렸다. 영상의 효과는 기대 이상이 었다. 사진만 20장 올려뒀던 2주 동안은 잠잠하던 문의 채팅이, 동영상 게시와 함께 폭발했다. 평일 저녁에도 하루에 2팀씩 집을 보러 오더라.

"사장님, 집이 너무 깔끔하네요. 융자 없는 거 맞죠?"

"네네, 그럼요. 공실로 꽤 두던 집이라 그사이 대출 다 갚아버 렸습니다."

"좋네요. 저희는 이미 도시공사에 서류 접수해둬서 사장님만 괜찮으시면 바로 계약하고 싶습니다."

"저도 좋습니다. 제가 드려야 할 서류 있으면 알려주시고요."

10여 팀의 방문 후, 매우 적극적인 한 분과 계약을 진행하게 됐다. 당근 부동산 덕분이었다. 직거래로 아끼는 비용이 429,000 원이라고 당근마켓이 친절히 자랑 겸 안내해줬다.

영상이 내 매물의 큰 무기가 된다면, 소개 글 또한 성의껏 잘 써야겠지. 최대한 읽는 이의 감성을 'touch' 해야 한다. 결국 부동 산 거래도 다 사람이 하는 일이다. 아무리 4차 산업 혁명 시대가 어쩌고저쩌고해도 사람이 주체다. 그러니 사람의 마음을 움직여

🏠 부동산 직거래 바로가기 ↗

💡 상세 설명

인천 부평 산상동 최고의 입지.
초품 & 아품 빌라, 삼산 아트빌입니다.

3개동으로 구성된 단지형 빌라이고요.

단지 전면 도보 2분 거리엔 '한길 초등학교'가 있고,
후면은 '임광 그대가' 아파트 단지로 둘러싸여 입지 환경
이 탁월합니다.

고려대학교 건축학사인 소유자가 지휘한 올수리 완료.
직접 대면 거래합니다.

대출 없는 깔끔한 무융자 주택입니다.

전화 응답 불가 시, 문자메시지 보내주세요.
순차적으로 연락 드리겠습니다.

감사합니다! :)

당근마켓 매물 상세 설명

🏠 부동산 직거래 바로가기 ↗

[특장점 소개]

● 초품 빌라 - 도보 2분 거리 한길 초등학교
● 아품 빌라 - 임광 그대가 아파트 단지에 둘러싸인 위
치로 단지 내 상가 활용 가능
● 풍부한 채광의 등향
● 최고급형 'ㄱ'자 그레이 중문 설치
● LED 조명 교체
● 귀뚜라미 고효율 콘덴싱 보일러 교체 설치 ('22년 12
월 17일 시공 완료)
● 월 2만원의 소액 관리비
● 입주민 전용 단지 진출입 차단기 - 아파트급 보안 유
지
● 넉넉한 주차 공간
● 융자 없는 깔끔한 주택
● 전세 대출, 보증보험 가입 가능
● 고려대학교 건축학사인 소유자 직접 관리 & 대면 거
래
● 보증금, 월세 조건 조율 가능

당근마켓 매물 특장점 소개

야 한다. 이미지와 영상과 글로 말이다.

내 매물만의 특장점을 과장 없이 최대한 뿜뿜하자. 결코 선을 넘지는 않아야 한다. 지하철역에서 도보 3분 거리에, 온종일 햇빛이 잘 들어온다는 등의 소개는 금세 다 증빙(?) 가능한 시대다. 네이버 지도만 열어봐도, 스마트한 부동산 앱으로 일조량 체크만 해봐도 다 탄로 나게 된다. 그러니 절대 거짓이나 과장은 안 된다. 선 넘지 않는 범위 내에서 최대한 자랑하도록. 기왕이면 말랑말랑하게, 조금은 감성적인 문구도 첨가하며.

"(크게 웃으며) 형님, 이 문구 멋있는데요?"

[고려대학교 건축학사인 소유자가 지휘한 올수리 완료. 직접 대면 거래합니다.]

이 두 문장을 가리키며, 매제가 내게 던진 말. 다소 '오글'거리지만, 나만의 차별점이라면 드러내는 게 낫다고 본다.(학벌 우월주의 아님) 입장을 바꿔 생각해보자. 내가 들어가 살 전셋집의 주인이 건축학을 전공했고, 직접 리모델링을 지휘(?)했다. 좋지 아니한가? 거기에 조금 더 보태어 고려대학교 건축학사라니, 뭐 나쁠 건 없지 않은가? 실제로 집을 보러 왔던 예비 세입자들도 대부분 이 포인트에 끌렸다고 하시더라, 감사하게도.

직접 대면 거래한다는 문구도 중요한 메시지다. 그만큼 내 매물에 자신 있고, 임대인으로서 내 신분도 확실하단 의미. 그러니 언제든 직접 대면해서 계약하겠다는 당당함을 드러낸 것. 아, 물론 당근 부동산을 통해 직거래하려면 내가 직접 가야 하긴 하지만.

초품 빌라 & 아품 빌라. 초등학교를 품은 '초품'이라는 말은 많이 들어봤지만, '아품'은 생소하지 않은가? 내가 만들어본 말이다. 아파트를 품은! 빌라이다 보니 커뮤니티 시설은 미비한 게 사실. 이 물건을 처음 보자마자 매료된 이유 두 가지. 초등학교 교문 바로 앞이라는 위치와 병풍처럼 둘러쳐진 아파트 단지였다. 전면에는 한길 초등학교, 후면에는 삼산 임광 그대가 아파트가 그림자처럼 뒤를 받치고 있다. 393세대의 중형 아파트 단지 내 상가를 마치 주민처럼 이용할 수 있다는 게 좋았다. 한길 초등학교 옆엔 620세대의 주공아파트 단지도 있고. 실제로 임장 갔을 때, 임광 그대가 아파트에 주차하고, 주공아파트 상가에서 커피를 샀던 나. 삼산 아트빌을 보러 갔으나 차단기에 믹혀 오히려 뒤 아파트에 주차했다는 놀랍고도 기분 좋았던 기억. 아파트보다 보안이 더 뛰어난 빌라 단지라는 생각에 무조건 입찰한다고 다짐했었던.

결과적으로 세입자는 당근 부동산을 통해 만나게 됐지만, 인천도시공사에서 보증하는 계약을 해야 해 도장은 오프라인 부동산에서 찍었다. 뭐야? 그러면 거래 수수료 낸 거 아냐? 직거래한다더니. 과연 난 50여만 원의 중개 수수료를 아꼈을까?

녹인의 notice!

1 매물 사진은 매우 아주 굉장히 잘 찍고, 20장 꽉 채워 업로드하기.

2 예쁘게 찍은 동영상으로 내 매물 차별화하기. 소개 멘트를 넣으면 더 좋겠죠?

3 예비 세입자의 감성을 'touch' 할 수 있는 말랑말랑한 문구로 소개 글 마무리하기.

갓길 질주의 끝?
타이어 펑!

달려 달려! 스스로 주문을 외듯 앞만 보고 달리기 시작했다. 이유는 딱 하나. 늦을 예정이었기 때문이다. 오후 4시부터 6시까지 수원에서 강의를 하나 하고, 6시 반에 부천에서 전세 임대차 계약을 맺기로 했다. 수원에서 부천까지. 역시나 30분 만에 간다는 건 나만의 희망이었던 걸까. 티맵은 내게 최단 시간 '53분'의 경로를 안내하고 있었다. 넥타이도 풀지 못한 채로 일단 출발했다. 문자 메시지가 하나 도착했다.

6:05 PM

다들 일찍 오셨어요

야, 너두 경매 할 수 있어!

공인중개사 대표님의 문자 메시지. 역시 늘 나 빼고 다 부지런하다. 수원에서 퇴근하고 가는 길인데, 차가 좀 많이 밀려 죄송하다는 답문을 보내고 차를 가 쪽으로 틀었다. 이런 중요한 날에 늦으면 되나. 계약에 나이의 많고 적음이 중요한 건 아니겠지만, 제일 어린 내가 제일 늦게 가는 것 자체에 내가 다 화가 났다. 그렇게 갓길 질주가 시작됐다. 비상등을 켜고. 깜빡깜빡.

점점 도착 예정 시각이 당겨졌다. 주룩주룩 흐르던 땀도 조금 말라갔다. 그러던 차에 갑자기 펑! 깜놀했지만, 대수롭지 않게 여기며 속도를 늦추지 않았다. 그런데 뭐지? 이 싸한 느낌은? 차가 이상하다. 그랬다. 펑 소리는 내 차 오른쪽 뒷바퀴가 낸 축포(?)였다.

적정 공기압이 250kPa인데, 수치가 점점 줄어들더니 급기야 '0'이란 숫자가 찍혔다. 처음 보는 숫자였다. 정말 믿기 힘든 숫자. 공기압이 '0'이라니.

'그럼 바람이 다 빠진 거야? 휠로 달리는 거야?'

대답할 시간도 없이 달려야 했다. 휠이 다치고 그런 건 나중에 생각할 일이었다. 이게 얼마 만에 성사되는 계약인데. 무려 6개월의 공실을 끝내는 날인데.

"정말 죄송합니다. 차가 너무 밀려서요. 죄송합니다."

90도로 고개를 숙이며 공인중개사 사무소에 입장했다. 다행히 법무사와 전세입자와 공인중개사 대표님이 인자한 미소를 띤 채 나를 맞아주셨다.

"아이고, 수원에서 오시느라 고생하셨네. 괜찮아요. 저희 서류 준비하고 있었어요."

8개월 전, 본 물건 임장 후 유일하게 들렀던 누가 봐도 이 동네 1등 '임광 그대가 공인중개사'의 K 대표님. 사람 인연은 정말 알다가도 모르는 것. 결국 낙찰에 성공했고, 돌고 돌아 이곳에서 전세 계약을 하게 됐다. 그것만으로도 감사한데, 역시나 이날도 여러분 사이에서 윤활유 역할을 잘해주셨다.

인천도시공사에서 오신 법무사님이 차분하게 계약 과정과 내용을 설명해주셨다. 이미 대출을 다 갚아, 융자가 없는 깨끗한 주택이라 LH에서 보증해주는 조건으로 맺는 임대차 계약. 임대인인 내가 인천도시공사와 전세 계약을 맺고, 실제 입주할 세입자와 전전대 계약을 체결하는 방식이었다. 1억 5천만 원에서 1억 4천, 1억 3천만 원까지 가격을 내리니 겨우 LH의 보증 조건에 부합해 계약이 성사될 수 있었던 것. 전세가율이 90%를 넘으니 깡통 전세 아니냐 할 수 있지만, 선순위 융자가 없는 물건이니 사고 날 일도 없고. 물론 내가 2년 후에 보증금을 온전히 반환할 예정이니. 나 또한 실투자금 1천만 원 정도로 갭 투자한 셈이라 서로 win-win인 계약이었다.

인상 좋은 세입자님과 법무사님과 원활하게 도장 꾹꾹 찍으며, 전세 임대차 계약을 체결했다. 여전히 등에선 땀줄기가 흐르고 있었지만, 그건 기쁨의 분출(?)이었던 걸로.

"사장님, 정말 감사합니다."

그러면서 세입자가 내게 건넨 두툼한 봉투. 현찰이었다. 계약금 650만 원.

"아이고, 제가 더 감사하죠. 선생님, 잘 부탁드립니다."

연신 임대인과 임차인의 감사 인사가 오가는 훈훈한 분위기. 법무사님과 K 대표님도 웃으며, 사무소 안 온기를 더 끌어올렸다.

"아, 사장님. 잠깐만요. 이거 좀 써주세요."

K 대표님이 날 구석(?)으로 몰았다.

"여기에 중개 수수료 없이 거래했다고 하나 써주셔요."

"아, 안 그래도 저는 어떻게 해야 하나 궁금했는데, 수수료 안 드려도 되는 건가요?"

"아니 사장님이 거기 당근에다가 올리신 거니까 제가 못 받죠. 이거만 써주세요."

당근 부동산에서 구해 온(?) 세입자와 계약을 한 것이니 임대인 나에겐 중개 수수료를 받지 못하겠다는 K 대표님이었다. 임차인 쪽 수수료는 인천도시공사에서 대납한다고 했다. K 대표님 입장에선 반값 거래를 하는 셈. 그래도 흔쾌히 내겐 수수료를 면제해 주신 것. 역시 사람 인연이란 참. 이렇게 인복이 넘친다. 너무나 감사했다.

"제가 이 동네 계속 보고 있는 거 아시죠?"

"그럼요. 요즘 거래도 뜸한데, 저도 만족해요. 감사해요. 우리 젊은 사장님."

사람 좋은 K 대표님 덕에 입꼬리가 더 올라간 채 계약 과정을 마무리했다. 뭔가 또 좋은 얘기가 오가나보다 하며 미소 짓던 세입자님.

"그럼, 이제 치수 측정하러 가도 될까요?"

"네, 그럼요. 저도 집 한 번 가봐야 하니 함께 가시죠!"

경쾌한 발걸음으로 함께 집으로 향했다. 우리 둘은 그렇게 그날이 해피엔딩으로 끝날 줄 알았다.

녹인의 notice!

1 공인중개사도 기왕이면 대장 찾기. 물건지 주변 1등 공인중개사와 친해지기.

2 세입자 깍듯이 예우하기. 내 물건에 이자 없이 대출(?)해주며, 내 실투자금을 줄여주는 소중한 분 아닌가.

3 운전 연습하기. 그래서 운전 잘하기. 경매인이라면 공감하실 듯. 운전하고, 운전하다, 운전하는 것. 부동산 경매의 시작과 끝.

계약서에 도장 꾸욱,
집에서는 물이 줄줄

"사장님, 여기 좀 와보셔야 할 것 같아요."

덤덤한 말투였지만, 이내 다급함이 담겨있는 음성이란 걸 직감했다. 불과 10분 전에 활짝 웃으며, 서로 기분 좋게, 악수하며 계약서에 도장을 꾸욱 찍었건만. 정말 인생이란 한 치 앞도 모르는 것. 사뿐사뿐 안방으로 향했다. 그러고 나서 잠시 정적.

"…"

"이게 왜 이럴까요?"

"어허, 그러게요. 저희 그때 왔을 땐 멀쩡했는데. 그랬죠?"

"그랬죠."

2023년 5월 31일에 예비 세입자(이제 세입자)와 함께 집을 둘러봤고, 그땐 아주 상태가 좋았다. 그야말로 새삥 수준. 그랬는데 불과 한 달 만에, 계약일인 6월 28일에 우리가 목격한 광경은 처참했다. 안방 화장실 근처 벽지가 부분 부분 젖어있었다. 말로만 듣던 '누수'였다. 내 집에 물이 샐 줄이야. 반지하도 아니고, 지은 지 10년 차 정도의 그리 오래된 집도 아닌 이 집이. 심지어 방금 전세 계약했는데. 멘탈이 강한 나지만, 순간 머리가 텅 비었다.

"수리하면 되겠죠?"

"네? 아, 그럼요. 그럼요. 입주하시기 전까지 제가 온전히 원상 복구 해두겠습니다!"

덤덤한 말투는 덤덤한 게 맞았다. 세입자님은 나보다 더 멘탈이 강한 분이었다. 참 다행이었던 건 그나마 입주일이 꽤 남았다는 것. 이미 6개월이나 공실로 놔뒀던 집이라 나로서는 세입자가 하루 이틀 늦게 들어오고 말고는 아무런, 전혀 아무런 문제가 되지 않았고. 계약은 6월 28일에 했지만, 세입자도 본인 이사 일정에 맞춰 7월 20일에 입주하기로 조율한 상황. 타이어 펑크 나던 때부터 흐르던 땀은 이제 내 땀구멍이 펑크 난 듯 주룩주룩 다시 터져 나오고 있었다, 계속.

그렇게 세입자님은 각 방 치수 측정 후 쿨하게 떠나셨다. 난 두툼한 봉투에서 현금 650만 원을 꺼내 쥐고, 카메라를 켰다.

"여러분, 놀라지 마세요."

'그날의 분위기'를 살리려 양 볼을 타고 흐르는 땀을 닦지 않고, 젖은 셔츠를 입은 채 그대로 녹인 TV 촬영을 했다.

녹인 TV '어머나, 계약금을 현찰로 받다니!'

　다음날 바로 L 대표에게 전화했다. 누수 소식에 그도 적잖이 놀란 눈치였다. 나에게는 3주의 시간이 있었다. 넉넉했다. 하지만 그에게는 3주의 시간이 있지 않았다. 나뿐만 아니라 수많은 고객의 만족도를 채워주는 분이다 보니 이미 잡혀있는 공사 일정이 많았던 것. 우리 집에 묘한 애정(?)이 있을 그이기에, 예기치 않은 누수도 다 막아주려 했다. 그런데도 7월 7일에야 누수 탐지를 할수 있었고, 심지어 보수 공사는 19일에야 시작할 수 있었다. 입주가 20일인데 말이다!

　"사장님, 혹시 그 세입자분께 주말 지나고 다음 주초에 입주하면 안 될지 한번 물어봐 주시면 안 될까요?"

　"네? 그러기엔 시간이 너무 촉박한 거 같은데요. 어떻게 안 될까요?"

"아, 이게…. 장판까지 다 마르려면 며칠 더 필요하긴 하거든
요."

"…"

흘러간 3주의 시간이 너무나 아까웠다. 물론 그 상황에서 내
가 취할 수 있는 다른 선택지가 있진 않았다고 본다. 우리 집을
모르는 새로운 인테리어 업체를 뚫어 누수 탐지를 하고, 동일한
벽지와 장판을 구해 시공하고, 비용은 더 지출할 수도 있었을 상
황. L 대표를 믿고, 가히 전권을 위임하는 게 나로서도 편했다. 심
지어 난 그 기간에 제주도에 있었다. 현장에는 가보지도 못하고
(않았던 것일지도) 전화로 지시만 하는 상황. 공사할 땐 현장에 자주
나가야 한다는 걸 이때 배우긴 했다. 일단 세입자에게 문의하긴
했다.

"선생님, 아 저희가 진짜 한다고 했는데 최근에 비도 너무 많
이 오고 해서요."

"네?"

"그게 혹시 입주를 며칠만 미루긴 힘들겠죠? 저희 소장님이
주말까지만 시간 주시면 완벽하게 시공 끝내겠다고 하시네요."

"그런데 이미 이사업체나 지금 살고 있는 집주인하고도 얘기
가 다 끝나서요. 저 지금 집주인에게 보증금 받으러 가는 길이거
든요."

야, 너두 경매 할 수 있어!

"아 네…."

크게 심호흡하며, L 대표와 다시 통화했다. 바뀐 건 없었다. 입주는 그대로 내일이다. 어떻게 됐을까? 이 혼돈의 엔딩은? 다음 날 오전 10시에 울린 전화벨.

"사장님, 그 차단기 리모컨이 잘 작동이 안 되네요?"

"아, 그거 조금 가까이 갖다 대시면 열립니다."

그로부터 7시간 후 다시 울리는 전화벨.

"사장님, 정말 감사합니다. 안방 깨끗하게 잘 마무리됐고요. 저희 잘살겠습니다."

"아이고, 제가 더 감사하죠. 2년, 제가 더 잘 부탁드립니다. 문제 있을 때 언제든 연락하셔도 됩니다."

15만 원의 인부 추가 비용이 들었지만, 하룻밤을 새워 심야 작업을 진행한 L 대표님의 고생 덕분에 우리 모두 해피엔딩. 이렇게 첫 물건을 내 품에서 떠나보냈다. 홀가분하게. 휴우. 130,011,000원에 낙찰받은 걸 1억 3천만 원에 계약하며. 실투자금 대비 무려 전세가율 약 92.8%로.

녹인의 notice!

1 세입자의 요구 최대한 들어주기. 기억하시죠? 세입자는 우리에게 무이자로 대출해 주는 걸어 다니는 은행이라는 걸.

2 '내 사람' 잘 챙기기. 경매하며 만난 조력자들과 원만히, 오래가기.

3 쓸 돈은 쓰기. 작은 구멍 더 커지기 전에 재빨리 막기. 소액 아끼려다 거금 나간다.

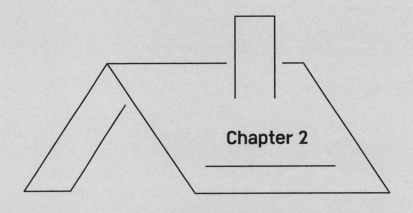

Chapter 2

저 들어갑니다:

판단

한 달 1개 낙찰
프로젝트

"10번 안에 낙찰받으면 성공입니다. 너무 욕심부리지 마세요."

경매 시장에 이제 입장했다고 인사하면, 선배(?)들이 대부분 이렇게 말하더라. 경린이들이라면 많이 들어보셨으리라. 아, 물론 그들이 이 시장에 먼저 발을 들인 건 맞지만, 그렇다고 그들의 실력 혹은 수익이 우리보다 낫다는 게 보증되는 걸까? 글쎄. 까봐야(?) 알겠지. 그러니 위축될 필요 없다. 전혀. 나처럼 말이다.

리먼 브러더스 사태도 견딘 주식쟁이 혹은 '장이'가 거길 은퇴하고, 무대를 바꿨다. 적당히 벌려고, 적당히 공부하고 넘어온 거 아니다. 적어도 주식보단 안정적으로 적정한 수익을 낼 작정이다. 내 목표는 '한 달에 하나씩 낙찰받기'이다.

2022년 8월 4일, 역사적인 첫 입찰. 당연히 패찰했고, 그날 보증금을 담았던 봉투는 현재 내 서류함에서 차기 보증금용 수표 봉투의 역할을 담당하고 있다. 그날의 기분, 기온, 기억, 기세를 잃지 않기 위해. 이후 매주 입찰했고, 약 20일 후 8월 23일에 생애 첫 낙찰에 성공했다. 4번 만에 첫 낙찰하며, 시장에 떠도는 '최소 10회 입찰설'을 사뿐히 지르밟아드렸다.

경매 법정은 주식 시장과 다르다. 내가 매수하고 싶다고 그날 할 수 있는 게 아니다. 그러니 목표를 크게 잡아야 한다. 10번 중에 한 번 정도 받겠다는 나약한 생각 따위는 버리길. '솔직히 말해서'라는 표현을 아주 싫어하지만, 솔직히 말해서 매달 1건 이상 낙찰받는 게 쉬운 일이 아니다. 낙찰이야 할 수 있다. 그냥 시세 무시하고, 가격 세게 쓰면 된다. '고가 낙찰'은 낙찰이라고 하지 말자 우린. 그럴 거면 이 시장에서 퇴장하거나, 입찰표 치우고 다시 책을 펼치자. 공부는 죽을 때까지 하는 것이다. 본인 전 재산에 가까운 돈을 싸들고 대결하는 장을 탐닉하는 탐구라면 더더욱.

그래서 9월에도 낙찰받았냐고? 그게 궁금하겠지. 결론부터 말하자면 No. 애석하게도 10월에도 No. 내 목표는 시작하자마자 박살 났다. 그만큼 만만치 않은 곳이었다, 경매 시장은. 521415, 530259, 504806, 3016, 18070, 27272, 22410 외 다수. 내가 입찰한 물건들의 사건 번호 뒷자리다. 매주 2회 이상, 심지어 인천과 제주를 오가며 입찰했지만 패찰의 연속. 그러다 11월에 2개 낙찰.

야, 너두 경매 할 수 있어!

12월에 또 1개 낙찰. 요령이 생겼달까. 뭔가 보인다기보단 운도 좀 따라야 하고, 지를 땐 조금 질러야 한다는 것도 배워갔다. 기세가 좋을 땐 저렇게 주르륵 연달아 낙찰하더라. 결과적, 산술적으로는 한 달에 하나 낙찰이라는 목표를 몰아서 달성한 느낌이기도 하고.

그런데 낙찰받았다고 다 내 것이 되는 게 아니었다. 분하지만 그런 일도 일어나더라. 심지어 내가 조용히 찾아낸, 너무나 간절히 바랐던 보물 같은 물건을 떠나보내기도 했다. '경린이' 시절에 예측도 못 한 다양한 경험을 하며, 체득한 것들이 지금의 '녹인'을 만들어냈다. 성장케 했다. 겁도 없이 책도 쓰고 있지 않나. 하하.

낙찰받고 나면 한 달 정도의 잔금 납부 기한이 주어진다. 대출도 알아보고, 내용증명도 보내고, 가능하다면 명도 협상도 하는 기간. 동시에 또 다음 물건에 도전한다. 그러면 한 달에 하나 낙찰받는 사이클을 이어나갈 수 있다. 마치 루틴처럼, 낙찰 후 물건 처리 과정 중에 또 낙찰을 이어가는 것. 이렇게 2년이 흐르면, 초기에 받았던 물건은 비과세 혹은 일반과세로 매도할 수 있는 시점이 오겠지. 그저 이 과정을 쭉 끊임없이 반복하는 것. 이게 내 '한 달 1개 낙찰 프로젝트'이다. 어떤가? 생각보다 간단치 않은가?

녹인의 notice!

1 일주일에 한 번 이상 법정 가기. 입찰하기. 두 번 가면 더 좋고.

2 패찰은 일상이다. 지나간 물건은 삭제하길. 이미 다음 주 입찰용 물건이 소리 없이 도착해 그대를 기다리고 있다.

3 정말 정말 정말 '내 것'이다 싶은 물건에 입찰할 땐 조금 과감해지길. 원샷 원킬.

집보다 땅이
더 크다고?

　새 물건을 좋아한다. 집도 새집을 좋아한다. 그래서 난 '새집 증후군'에 시달린다. 새집을 찾고, 원하는 증후군이다. 흔히 말하는, 사전적 정의 '새집의 환경적 요인으로 인해 얻게 되는 나쁜 증상'이 아닌 나만의 증후군이다. 자연스레 다 쓰러져가는 집들이나 썩빌도 썩 좋아하지는 않았다. 정말 말 그대로 '않았다' 이다. 그럼 지금은 아니냐고? 그렇다. 이젠 아니다. 오히려 지나치게 선호하게 됐다. 무너져가는 집들과 부패(?)할 것만 같은 부류의 집들을 말이다. 멀리서 볼 땐 별로였던 그런 주택들은 가까이에서 살피니 그 반대더라. 겉으론 시커멓지만 속은 반짝반짝하더라. 기대 수익도 크고. 그렇게 잘 알지도 못하면서 재개발, 재건축 물건에 나도 모르게 매료되기 시작했다.

1983 / 인천지방지원 빌라 / 남향 / 컨디션 not bad / 소유자 75년생 백○
○ 점유 ─ 깔끔 / 2015년 9천에 매수 / 엘리베이터 ×, 1층 of 2층 / 방2 화
1? 거래 少 매매 1억 ~ 1억 9천? ㅋㅋㅋ / 전세 7천 5백 / 월세 500에 40
정도 / 공시가 1억 2천 3백 / 지하철역 멀지만, 대로변 평지 / 재개발하기
딱 좋은 입지!! 위치 not bad / 학군 not bad / 서민 가족용 빌라 / 주안 1
구역 재개발 반사 기대감 有? / 자체 재개발 기대감 더 큼! 위치 좋고 대지
권 엄청 큼!!! 건물이 17평인데 대지권이 21평 ㅎㅎㅎ 입찰 must!!!

이렇게 분석한 물건. 꼭 받고야 말겠다는 강하고 강력한 의지
가 돋보이는 분석. 이런 건 놓치지 않는다. 앞으로도 놓치지 않을
거예요. 2021 타경 526991. 됐다! 낙찰받았다. 그런데 단독 낙찰
이었다. 그땐 얼마나 안심했던지. 너무나 기뻤다. 이런 보석을 나
혼자 파헤쳐 캐낸 거라 굳게 믿었다.

감정가 1억 9천 5백만 원인 물건이 두 번이나 유찰돼 49%까
지 떨어졌다. 최저가에서 앞자리만 바꿨다. 요즘엔 나의 '지르기
기법'이 앞자리 올려치기인데, 이 물건에 입찰할 때 그렇게까지
하진 않았다. 사실 운 좋았다 생각했다. 1억 1천 1만 1천 원. 역시
나 내 시그니처 '11,000'으로 끝맺음했고. 그렇게 감정가의 56%
에 획득 성공했다.

"아니, 사장님. 이런 물건은 어떻게 찾았대? 대지권이 이게 뭐
야?"

야, 너두 경매 할 수 있어!

2022년 11월 25일 정오쯤이었겠지. 보증금 영수증을 나풀거리며, 유유히 법정을 퇴장할 때면 늘 그렇듯 잠시 K-pop 아이돌이 된다.(명함 들고 낙찰자에게 몰려드는 수많은 대출상담사) 사생팬(?) 이모님 중 한 분이 내게 감탄사와 함께 이런 말을 내뱉었고.

"뭐, 제가 좀 밤새워 물건 검색하는 편이라서요. 운이 좋았네요. 호호."

"이야 대박이네. 이 물건. 사장님, 오늘 패션도 와따(?)야!"

그날 난 초록 바지를 입고 있었다. 녹인답게. 법정 주위에 있던 다수의 경매인도 내가 입찰표 내러 들어갈 때, 나올 때, 낙찰 후 이름 불려 서명하러 들어갈 때, 영수증 들고나올 때, 줄곧 내 바지 주름의 물결 따라 동공을 흔들더라. 그렇게 기분 좋게, 임팩트 있게 인천 주안동 범신빌라 101호를 받았다. 건물 면적이 17.42평인데, 대지권이 21.84평인 희한한 물건을 말이다.

보통의 새벽에, 인천 전 지역 빌라 물건들을 파헤치다 내 레이더에 걸려든 물건. 정말 수백 개의 물건을 나는 다 본다. 성격이 좀 그렇다. 지나친 완벽주의자다. 할 거면 끝장을 보고, 아니면 시작도 안 한다. 한 번 물건 검색 시작하면, 종료 시점을 예측할 수 없다. 해 뜨는 걸 보고 놀라 잠든 적도 종종 있고. 이 물건도 그렇게 밤을 지새우다 찾았다.

인기공. 인천기계공고 재개발 구역. 동의서 징구 중이던 극초기 구역 내 물건. 대지권이 어마어마한 예쁜 물건. 실제로 가서 보면 더 따뜻 따뜻한, 거주민들의 온기가 느껴지는 그런 물건. 나를 낮고 오래된 빌라의 매력 속으로 끌어들인 그런 물건. 그런데 왜? 이렇게 좋은 물건에 아무도 입찰을 안 했을까.

녹인의 notice!

1 흙 속의 진주는 정말 흙 속에 있다. 찾고 또 찾아라. 물건 검색에 끝이란 없다.

2 낮고, 적고, 넓은 물건이 좋다. 층은 낮고, 주민은 적고, 땅이 넓은 물건을 찾아라.

3 대지권은 클수록 좋다. 분담금? 그런 건 나중에 생각하고. 결국 우린 토지를 사는 거다. 당연히 큰 땅이 좋지 아니한가.

야, 너두 경매 할 수 있어!

항소 말고,
항고라고요?

뉴스에서 참 자주 듣는 말, 항소. 형사 재판 1심 선고 후엔 피고 대부분이 양형에 불복하며 항소한다. 그러면 검찰은 기다렸다는 듯이 양형이 부당하다며 똑같이 항소한다. 그렇게 2심까지는 기본 코스처럼 간다. 거의 뭐 매일 '누가 항소했다, 검찰도 항소했다.' 유의 기사가 귀에 꽂힌다. 그만큼 익숙한 '항소'라는 어휘인데, 그의 사촌이랄까. 생소한 단어가 날 공격(?)했다. 혹시 '항고'라는 용어를 아는가? 난 처음 듣는 말이었는데, 심지어 그걸 당했다. 내 계획에는 없던 일인데. 예상도 전혀 못 했는데.

2022년 11월 25일에 낙찰한 주안동 범신빌라. 조용히 일주일을 보내니, 12월 2일에 매각허가결정이 떨어졌다. 이후 아무 일 없이 또 일주일이 조용히 흘러가면 최종적으로 최고가 매수인에게 매각대금 납부 기한을 준다. 진정한 매각허가결정이 '땅땅' 내려지는 것. 이 일주일이 굉장히 중요한데, 그동안은 이 기간에 대해 그리 신경 쓰지 않았던 나였다. 뭔가 태클을 걸려면 채무자든 소유자든 낙찰 즉시 뭘 할 테고, 그러지 않고 2주의 시간이 조용히 흐른다면 뒤늦게 뭘 할 수 있겠나 싶었다. 이번처럼 '항고'라는 액션을 취할 정도로 적극적(?)인 채무자를 못 만난 덕분이었나 싶기도 하고. 아무튼 이번엔 날 자극하는 'Unexpected event예상치 못한 이벤트'가 일어났다.

12월 7일, 최종적으로 매각 허가가 결정되는 날. 소유자이자 채무자인 백○○이 항고했다. 난 며칠 후에야 그 사실을 알았다. 신난 마음에 낙찰 즉시 대출 조건을 비교하고 있던 나였다. 슬슬 최적 조건으로 대출 확정하고, 자서하러 가려던 참이었기에 다소 들떠있긴 했다. 그러다 뭔가 직감적으로 느낌이 좋지 않아 '대한민국 법원 경매정보' 공식 사이트에서 사건 번호를 조회해봤다. 그랬더니 떡하고 '항고' 제기 후 매각허가결정도 확정이 아닌 '정지'로 바뀌어 있었다.

"아, 이건 또 뭐야? 마지막 날인데? 아오, 참 열심히 산다."

푸념과 답답함이 반반쯤 섞인 말이 계속 입 밖으로 새어 나왔다. 아직 내용증명은 발송하지 않은 상태였다. 번뜩 그 장면이 내 머릿속을 스쳐 지나갔다. 포스트잇! 그래, 그 포스트잇이 문제였다. 가히 '포스트잇이 쏘아 올린 항고'였다.

낙찰 성공하던 날, 대출상담사님들께 물건 선정부터 남다른 패션까지 칭찬받았던 나. 지나치게, 과하게 'up' 되어 있었나 보다. 그 즉시 범신빌라로 달려갔던 것. 가방에 늘 넣고 다니던 포스트잇에 예쁘게 한 자, 또박또박 한 자 써 내려갔더랬지.

최대한 덤덤하고, 감정 뺀 건조한 말투로 이렇게 메시지를 담아 포스트잇을 101호 대문에 붙이고 왔다. 이게 훗날 어떤 후폭풍을 불러올지는 예상도 못 한 채 말이다. 결국 이렇게 '나만 신나서', 신나지 않은 소유자이자 채무자이자 점유자를 자극한 결과가 '항고'였다. 이때 얻은 교훈으로, 이 물건 이후엔 낙찰 후 대략 2주 동안 아무것도 하지 않는다. 낙찰받은 물건에 대한 그 어떤 행위도 하지 않는다. 오히려 점유자가 내 연락을 기다릴 정도로. '이 사람은 왜 아무것도 안 하지?'라는 생각을 할 정도로. 그렇게 그들을 자극하지 않는 게 내 철칙이 됐다. 그사이 여유롭게 난 다음 입찰할 물건도 찾고, 낙찰의 기쁨도 만끽하며 보름을 보내곤 한다. 이 '항고'의 충격 이후. 아흑.

녹인의 notice!

1 낙찰의 기쁨은 오로지 나의 것이다. 낙찰 당한 이의 마음을 헤아리자.

2 급할수록 천천히. 어차피 물건은 내게 온다. 연락은 천천히 취해도 된다.

3 낙찰 후 2주 동안, 마치 '투명 인간'처럼 살자. 절대 채무자, 점유자를 자극하지 말자. 그저 낙찰의 기쁨을 만끽하며, 우선 기다리고, 기다려라.

오 나의 절친님,
경매계 직원님

22.11.14. : 패찰 후 임장

22.11.25. : 입찰 & 낙찰 / 대출 조건 비교 시작

22.12.02. : 매각허가결정

22.12.09. : 소유자 백○○ 항고

　여전히 내 메모장에 남아있는 기록이다. 이후 벌어진 일들을 이제 얘기해 볼까 한다. 예상치 못한 '항고'라는 폭탄을 맞고 나니 꽤 당황스럽긴 했다. 하지만 발만 동동 구른다고 해결되는 건 없다. 이내 이성을 찾고, 차근차근 대응 방법을 찾았다. 소유자 겸 채무자 백○○와는 연락이 되지 않는 상황이었다. 낙찰 후 기쁜 마음에 달려가 떡하니 붙이고 온 포스트잇. 행여나 바람에 날

려 떨어질까 봐 2장이나 붙이고 왔건만 백○○의 전화는 오지 않았다. 대신 그는 얼굴도 모르는 나에게 뭔가 대항하려 했던 듯. 그 결과가 소통이나 협상이 아닌 항고였을 뿐.

22.12.15. : 내 동의 없는 취하 신청서 효력 × → 경매계 통화

"네, 원칙적으로는 낙찰자의 동의서가 없는 취하 신청서는 효력이 없습니다."

"그럼 저는 일단 기다려 봐도 되는 거죠?"

"네, 보증 금액이 950만 원인데 이거 괜찮나요?"

"네네, 돈은 묶여도 괜찮습니다."

인천지방법원 경매 18계로 전화했다. 경매계 직원과 나눈 첫 대화. 어느 정도 사전 조사를 한 후 연락했고, 일일이 하나하나 다 물어보는 나를 신기해하는 듯했다. 적법한 기한 내에 신청한 항고지만, 특별한 사유가 없고 낙찰자의 동의가 없다. 집행 지연 의도가 다분한 항고는 기각될 확률이 높았다. 보통의 낙찰자라면 많이 당황하거나 혹은 보증금이 묶이는 게 싫어 바로 물건을 포기하고, 보증 금액을 반환받으려 할 텐데 난 그러지 않으니 경매계 직원이 놀라는 눈치였다. 쿨하게 950만 원 정도는 넣어둬도 된다고 하니, 살짝 웃기도 했다. 그래, 더 큰 수익을 위해 입찰한 물건인데 950 묶이는 거 정도야. 감내할 수 있었다. 그렇게 우선

내가 유리한 포지션이라는 걸 확인했다. 그랬더니 4일 후 모르는 번호로 한 통의 전화가 왔다.

22.12.19. : 백○○ 측 법무사와 통화 → 취하 권고? ㅋㅋㅋ

'ㅋㅋㅋ'를 그대로 남겨둘 정도로 흥미로운 통화였나 보다. 모르는 번호는 일단 안 받고, 문자 메시지가 오면 콜백하는 나. 이날의 그 정체 모를 번호는 느낌이 달랐다. 반드시 받아줘야(?) 할 전화 같았고, 내 촉이 맞았다.

"선생님, 그 보증금 묶이면 힘드시잖아요. 놔둬봤자 이 물건 쉽지 않습니다."

"그건 제가 알아서 할게요. 제 걱정은 안 해주셔도 되고, 의뢰인이나 잘 챙겨주세요."

"..."

너무나 당돌한 내 응답에 적잖이 당황한 법무사. 통화는 그렇게 짧고 굵게(?) 종료됐다. 그는 교묘히 날 압박하며, 내가 그들에게 '취하 동의서'를 써주길 바랐다. 그 계략에 넘어가 줄 리 없는나. 이미 경매계 직원에게 취하서의 효력이 없단 걸 공식적으로들은 이상, 내가 그들의 청을 순순히 들어줄 이유가 없었다. 행여나 정말 취하가 된다면, 그럼 그때 난 보증금을 돌려받으면 되는것. 내가 먼저 포기하며 그들에게는 승리감, 내게는 스스로 패배감을 선물하고 싶지 않았다.

이후 수시로 법원 홈페이지를 들락이며, 사건 진행 상황을 추적했다. 그러는 사이 난 흔들리지 않고, 편안하게, 평온히 또 나의 할 일을 해나갔다. 인천 구월동 레지던스를 낙찰받아 점유하던 소유자 겸 채무자와 임대차 계약을 맺었다. 제주도 서귀포시 법환동의 신축급 타운하우스도 임차인 명도를 부드럽게 끝낸 후 새집으로 탈바꿈시켰고. 그렇게 2023년 새 겨울을 보내던 중 드디어 백○○이 새로운 액션을 취했다.

23.2.20. : 백○○ 항고 취하서 제출 ㅋㅋㅋㅋ / 강제집행 정지 신고…

나의 동의를 얻지 못한 채 2달 만에 항고를 취하했으나, 곧바로 강제집행 정지 신고를 했네. 메모 뒤 '…'이 당시 나의 심정을 정밀히 묘사하고 있다. 정말 나도 나지만, 백○○ 역시 이 물건, 이 알짜물건, 범신빌라를 포기하지 못하는 강한 집념을 표출했다. 하긴 오래 살았을 가족의 터전일 테니. 그렇게 낙후된 집에서 오순도순 잘 살았고, 심지어 이제 재개발을 해준다는데 뺏길 수 없지. 적(?)이지만 심정을 이해했고, 'respect' 했다. 물론 거기까지였다. 물건은 내가 가져와야 했다.

"이현동 씨, 근데 이제 보증금 받아 가시는 게 낫지 않을까요? 다른 거 투자하시는 게 좋지 않나요?"

야, 너두 경매 할 수 있어!

어느새 동지가 되어버린, 내 담당⑦ 경매계 직원의 안쓰러운 권유가 겨우내 이어졌지만.

956만 원쯤이야,
5개월 훗

"이제는 진짜 받으러 오셔야 할 것 같습니다."

"그래야겠죠 이제는? 이번 주 내로 가겠습니다. 뵙고 인사드릴게요."

그렇게 2023년의 시작과 봄맞이를 함께(?)한 '마치 절친' 경매계 직원의 목소리. 뭔가 끝을 알리는 듯한 쓸쓸한 음성이었다. 그랬다. 결국 범신빌라는 내 것이 되지 못했다. 그렇게 백○○은 그의 집을 무사히 지켜냈다. 한 편의 영화처럼. 가장의 집념, 끈기의 승리랄까.

23.05.02. : 입찰 보증금 956만 원 환급

야, 너두 경매 할 수 있어!

이 한 줄을 끝으로 범신빌라와 작별했다. 미련 컸던 물건을 미련 없이 보내줬다. 장장 6개월. 계획에 없던 장기 프로젝트가 끝났다. 결과가 '실패'라 다소 아쉬웠지만. 돌이켜보니 이때 간과한 게 하나 있었다. 드넓은 내시권과 내가 딱 좋아하는 단층 아파트 스타일에 혼이 쏙 빠져 가볍게 지나쳤던 부분. 바로 '채권 금액'이었다.

감정가 195,000,000원. 2회 유찰된 최저가 95,550,000원. 감정가 대비 반값 49%. 누구나 현혹될 만한 금액과 숫자 아닌가? 나역시 그랬다. 자, 다음을 살펴보자.

경매 구분 : 강제 경매
채권 금액 : 11,131,545원

이건 임의 경매가 아닌 강제 경매였고, 채권자는 D 캐피탈 사였다. 채권 금액 또한 묘하다. 1억이 아닌 1천만 원대다. 그러니까 1천 1백만 원을 회수하기 위해 주식회사 D 캐피탈이 채무자 백○○의 집을 경매로 넘겨버린 것이다. 난 이 부분을 놓쳤다. 생각해 보라. 천만 원 못 갚아 온 가족이 삶의 터전을 잃는다면 너무나 황망하지 아니한가? 어떻게 해서든 1천만 원 정도는 마련할수 있지 않겠는가? 당장 친구에게 빌리든, 아니면 또다시 대부 회사를 찾든, 정 안 되면 사채라도 당겨야지 말이다. 일단 급한 불부터 끄고 봐야지. 백○○은 실제 그렇게 대응했고, 결국 1차적인 채무는 상환하며 집을 지켰다.

이 집에는 말소 기준 권리로 스탠다드차타드 은행의 근저당도 75,600,000원 잡혀있다. 난 이걸 보고 안심했던 것. 실수였다. 경매 신청자는 후순위의 D 캐피탈이었고, 그들이 청구한 금액은 소액이었단 것을. 건강보험공단의 압류와 D 캐피탈의 가압류도 있었지만, 결국 이 물건에 대한 채권 금액은 엄연히 1천만 원이었다는 것을. 이렇게 또 실제 경험하며 체득하는 것 아니겠는가. 아쉽지만 말이다. 매우 매우.

이 와중에 흥미로운 사실 공개. 5개월 정도 입찰 보증금을 묻어 뒀더니, 자산 증식(?) 효과가 있더라. 입찰 보증 금액은 감정가의 10%인 9,555,000원이었다. 내가 5개월 동안 법원에 맡겨뒀던 원금. 그런데 신한은행에서 이자를 붙여주더라.

원금 : 9,555,000원

이자 : + 14,476원

소득세 : - 2,020원

지방 소득세 : - 200원

실제 지급액 : 9,567,256원

이자에 소득세와 지방 소득세까지 납부해 가며, 결국엔 원금

에 12,256원을 더해 9,567,256원을 받아왔다. 5개월 동안 '극 소액'의 자산이 늘어났다. 이 또한 흥미로운 경험이었다. 혹시 저처럼 입찰 보증금 5개월 묵혀뒀다 이자 붙여 환급받은 독자님 계시나요? 아마 그리 많지 않을 듯.

이후 난 물건 검색할 때 위치, 최저가, 감정가 중 토지 부분, 내항력 유무 체크 후 '채권 금액'을 1원 단위까지 체크한다. 하하.

녹인의 notice!

1 채권 금액을 체크하라. 채무자에겐 미안하지만, 그 금액은 많을수록 좋다. 우리에겐. 취하되지 않을 테니.

2 채권 금액이 소액이라면 입찰하지 않는 게 나을지도. 보증금만 묶이게 될지도. 종국적으로는 소유권도 얻지 못할 테고.

3 본인의 자금 조달 계획을 면밀히 살펴라. 정말 간절한 물건이라면 보증 금액을 잠시 잊고, 묵혀두는 승부수가 필요할지도. 그에 따르는 기회비용을 기꺼이 감내할 수 있다면.

재건축,
재개발에 눈 뜨다

범신빌라의 후유증은 꽤 컸다. 956만 원이라는 적지 않은 금액을 '법원'에서 받아왔다는 기쁨에 취한 건 단 하루였다. 엄밀히 말하면 돈을 받은 게 아니고, 내 돈을 줬다가 뺏어온 셈이니 그리 기쁠 일도 아니었다. 빚지고는 못 사는 편이고, 손해 보고도 못 참는 성격이라 이 분한 감정을 어찌, 뭐로 위로받아야 할지 고심했다. 결국엔 내가 이 물건에서 기대했던 수익 이상의 수익을 다른 물건으로 보상받을 수밖에 없다는 결론에 다다랐다. 그렇게 난 범신빌라와 닮은 물건을 찾기 시작했다. 마구마구.

건물 면적보다 대지권에 더 집중했다. 가히 집착했다. 최소한 대지권이 두 자릿수인, 10평 이상은 되어야 합격. 개성 넘치는 물건들은 그 1차 관문을 통과해야만 내 '관심 물건'에 소속될 수 있었다. 그러다 보니 자연스레 지금 당장 살기 좋은 아파트, 실거주에 적합한 아파트들은 대거 탈락하더라. 대체로 용적률이 높은 10년 이내에 지어진 신축급의 아파트들이었다. 이미 추후 내가 실거주할 서울 시내 아파트와 투자용으로 보는 인천, 부천, 고양시 등의 물건을 완전히 분리해 검색하는 나이긴 했다. 범신빌라 반납(?) 사건 이후 투자용 물건 검색이 좀 더 세분된 셈이다.

대지권이 크려면 당연히 건물은 저층이어야 한다. 그러면서 미래 가치는 높은 물건. 어릴 때 흔히 보던 5층짜리 아파트. 그랬다. 그런 저층 주택들이 날 유혹하기 시작했다. 난 금세 마음을 뺏겼고. 재건축 연한이 도래한 30년 이상 된 5층 이하이면서 위치도 나쁘지 않은 아파트. 이미 조합이 설립됐거나, 조합 설립 추진위가 발족한 곳이라면 더 좋고. 범신빌라가 속해있는 '인기공'(인천기계공고) 재개발 구역 내 물건을 미친 듯이 판 것은 물론이고, 인천 각 지역 재개발 구역을 다 들쑤셨다. 아, 물론 모니터를 통해. 직접 쑤시고 다니려면 기름값 들고, 다리 아프니까. 우선 손품부터.

왜 서울이 아니고, 인천이냐고? 싸니까. 인천이 서울보다 싸니까. 서울 재개발 물건은 이미 가격이 너무 올랐다. 오른 것도 있지만 일단 출발점이 다르지 않나. 물론 요즘에는 실거주용으로 서울 시내 신통기획, 모아타운 구역 내 물건들을 공략 중이긴 하다. 하나 재개발 물건에 눈 뜨던 2022년 가을은 내 몸과 마음이 아직 '상경'하기 전이었다. 인천에 머물러있었다. 쉽지는 않았다. 적지 않은 이들이 수익률 극대화를 위해 재건축, 재개발 구역 내 물건에 입찰하니 낙찰 자체가 어려웠다. 심지어 구역 내에서는 경매 물건이 많이 나오지 않기도 하고. 채무자들도 어떻게든 버티거나, 빚을 갚는다면 미래에 '신축' 아파트에서 살 수도 있는데 쉽게 포기하겠는가. 자연스레 경쟁률은 높고 높아 기대만큼의 수익을 단기간에 얻을 수 있는 투자 방식은 아니다.

인내는 쓰고, 열매는 달다. 엉덩이 붙이고, 오래 앉아있으면 성적은 오르고. 기다릴 줄 아는 이에게 적합한 투자 방식이 재건축, 재개발 투자다. 난 좀 성격이 급한 편이라 주식 투자할 때도 한 종목을 1달 이상 보유하지 않는 편이었다. 내가 원하던 수익률에 도달하면, 차트 보고, OBV 보고 매도해 비교적 단기간에 수익금을 확정 짓는 스타일이었다. 부동산 경매도 그렇게 빠르게 치고 빠지면 좋겠지만, 이건 그렇게 하기 쉽지 않아 답답하기도 했다. 양도소득세 절감을 위해서라도 매수 후 2년은 묵혀야 하니 내 투자 스타일과 맞지 않긴 하다. 그래서 그사이 계속 새 물건을 찾고, 낙찰받아 물건을 수집(?)하고 있다. 그러다 매입한 지 2년이 된 물건부터 순차적으로 매도하며, 수익금 확정의 기쁨을 촘촘히 누리려 한다.

어쨌든 가장 중요한 건 '수익률'이다. 난 특히 그렇다. 그러다 보니 재건축, 재개발만 한 게 없더라. 묵혀둘수록 수익은 올라가는 투자. 현재는 최악이지만, 미래엔 최상일 물건들. 그 와중에 더

욱더 좋아야 하니, 남들보다 내 땅이 더 커야 하고. 대지권에 집
착하고, 욕심부리는 건 그 이유 때문이다. 조금이라도 내 지분이
더 커야, 추후에 $59m^2$ 아닌 $84m^2$ 아파트를 받게 될 테니. 난 큰
집이 좋아서. 요즘엔 $59m^2$이 대세이긴 하지만.

녹인의 notice!

1 대지권은 클수록 좋다. 상식적으로도 땅은 넓을수록 좋지 아니한가?

2 아파트라면 썩을수록(?) 좋다. 노후도가 높아야, 지자체에서 하루빨
리 새집으로 변신시켜 주려 하지 않겠는가?

3 기다릴 줄 아는 사람만이 재건축, 재개발 투자를 할 수 있다. 당장 수
익 실현이 중요하다면, 투자금을 장기간 묵혀두기 힘들다면, 이 투자
방식은 아직 때가 아닐지도.

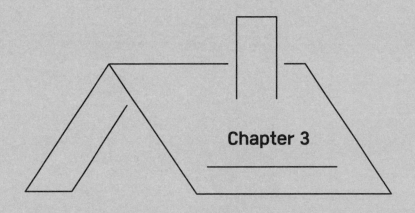

Chapter 3

예민하고 예리하게:
Game

보물 발견!

　물건을 낙찰받을 때마다 그 과정을 낱낱이 다 기록한다. 몇 월 며칠에 뭘 했는지 그 물건의 히스토리를 남긴다. 그야말로 역사다. 그렇게 하나의 물건을 처리할 때마다 복기와 복습을 하고, 또 미래를 위한 예습까지 하게 된다. 사진과 글을 꽤 상세히 남기는 편이다. 그런데 딱 하나, 그러지 않은 물건이 있다. 일정 기록은 총 7일의 단 7개로 끝냈다. 사진도 몇 장 없다. 현장에 직접 방문한 게 3번이었나? 오히려 현장보다 등기소 가느라 더 바빴던 물건. 아니 물건이 아닌 보물. 그런 보물을 발견했던 그날 밤을 잊지 못한다.

　공기가 차가워지며 보내기 싫은 가을이 겨울로 변신하려던 때. 11월 중순의 밤이었다. 정확히 말하면 밤과 새벽 사이 그즈음. 한 달에 하나씩 낙찰받겠다던 원대한 포부가 현실의 벽에 막히던 시기. 조급했지만 애써 태연한 척하던 때. 그날 밤도 발동 제대로 걸려 잠은 미뤄두고, 밤새워 물건 검색하려던 기세의 나였다.

"아, 패스. 음…. 별로. 아, 이건 작다."

내 입에선 이러한 말들만 연신 새어 나왔다. 한숨과 함께. 내 맘에 딱 드는 그 하나. '한 놈만 패는' 스타일이라 하나만 걸리면 되는데, 그 한 놈을 못 찾던 그때. 창밖의 하늘이 서서히 푸르르게 변하던 그때.

"뭐지 이거? 뭐야? 어?"

소리 내어 내게 묻는 나 때문에 곁에서 곤히 자던 내 여동생 몰티즈 '멜티'가 눈을 떴다. 말똥말똥 나를 쳐다보며 '우리 오빠 또 왜 저러나?' 말없이 말하고 있었다. 한데 정말 믿기 힘든 물건을 발견했던 순간이라 자꾸 되물었다. 심지어 사이트의 표기 오류이거나 모니터가 더러워져 숫자가 이상하게 보였거나 시뻘게진 눈이 초점을 잃었거나 뭐 그 셋 중 하나 아닐까 싶은 정도였다. 1,400이라는 숫자 때문에.

1,400만 원이었다. 보증금이냐고 묻고 있는가? 아니었다. 최저가. 정말 최저가가 1,400만 원이었다. 정말 깔끔하게 14,000,000원이라는 숫자가 적혀있었다. 믿기는가? 1인 가구가 살 법한 오피스텔의 가격이 1억 4천만 원이 아니고, 1천 4백만 원이라는 게. 심

지어 감정가 2,000만 원에서 1회 유찰로 30% 깎여 1,400만 원이었다.

지도를 열었다. 위치도 좋다. 인천 남동구 구월동 로데오거리 인근이었고, 인천 1호선 예술회관역까지 도보 4분 거리라니. 바로 옆엔 인천 경찰청이 있고, 구월여중도 있다. 1인 가구 수요는 넘쳐날 곳이었다. 당연히 엘리베이터도 있고, 7층 건물의 5층이니 로열층. 북서향이라는 향은 좋지는 않지만, not bad. 게다가 내가 좋아하는 '끝 집'이었다. 난 끝 집을 좋아한다. 적지 않은 이들은 난방의 효율이 어쩌고 하며, 중간에 있는 집이 좋다고 하더라. 내겐 '보안'과 '고요함'이 더 중요하다. 신비주의는 아니고. 어쨌든 조용한 게 중요한데, 그래서 끝 집을 선호한다. 지금 살고 있는 서울집도 엘리베이터에서 내리면 우리 집만 분리 배치되어 있다. 끝 집이다. 이 오피스텔은 5층의 제일 안쪽, 511호였다. 자연스레 바로 옆 공용 테라스와도 가까웠고.

사실 이러한 모든 선호 조건을 차치하더라도 가격이 '끝장' 아닌가. 1천 4백만 원이라니. 명도에 유리하게도 거주자가 소유자이자 채무자라는 사실도 좋았다. 보물 발견에 흥겨워하며 가히 춤을 추고 있는데, 그가 2021년에 이 물건을 딱 '1천만 원'에 매입했다는 걸 확인하고는 흥분과 흥이 더 끓어오르더라. 정말 흥미로운 물건이었다.

- 위치 좋아 경쟁률 꽤 높을 듯

- 입찰 must!!!

이렇게 손품 조사 글을 마무리했다. 그러고 나서 컴퓨터를 끄며, 나지막이 한마디 했다. 잠들기 전에.

"이건 무조건 내 거다."

녹인의 notice!

1 물건 검색은 하고, 하고, 또 하는 것. 내일은 또 내일의 신건이 등장한다.

2 물건 검색은 집요하고, 집요하게 하는 것. 원하는 조건을 세분화해 정말 입찰할 물건, 진정 낙찰받고 싶은 물건을 찾아내야 한다.

3 남들과는 다른 시각으로 검색하라. 누구나 다 찾을 만한 조건, 조회수 높은 물건이 내 것이 될 확률. 과연 높을까?

내겐 소설보다 흥미로운
등기부등본

2021년도의 인천 남동구 구월동. 걸어서 5분 이내에 지하철역에 다다를 수 있는 위치. 1인 가구가 거주할 수 있는, 작지만 귀여운 화장실까지 갖춰진 오피스텔이 있다. 이걸 '1천만 원'에 매입할 수 있을까? 있겠는가? 상상도 안 해볼 법한 시나리오인데, 이게 현실 세계에서 발견됐다. 등기부등본을 보고도 믿기 힘들었지만 실제 상황이었다. 레알.

2022 타경 1093. 인천 남동구 구월동 1450, 5층 511호. 오피스텔이며, 대지권은 단 $3.69 m^2$. 1.12평이다. 건물 면적은 $8.64 m^2$. 겨우 2.61평이다. 정말 딱 1인이 살아갈 수 있는 집. 분류상으로는 오피스텔이었지만, 실질적으로는 고시텔에 가까웠다. 심지어 건축물대장에는 용도가 '사무소'로 등재돼 있었다. 볼수록 흥미로운 물

건이었다. 현황상 '중앙 레지던스'라고 통칭하는 주거시설로 이용되고 있단다. 기본 사항부터가 독특하고, 특이했다. 등기부등본은 더욱더 기대됐고. 찬찬히 이 물건의 역사를 살펴봤다. 과거로 시간 여행 떠나듯이.

사용승인일은 2003년 6월 5일. 교복 벗은 지 3개월밖에 안 된 내가 한참 안암동을 헤매던 때라 은근히 동질감이랄까, 뭐 그런 게 느껴졌다. 그런데 말이다. 등기부의 시간은 달랐다. 2011년 9월 29일. 이날이 이 오피스텔 생애(?) 첫날이었다. 역시나 심상치 않은 물건이라는 느낌이 스멀스멀 올라오던. 흔히 볼 수 없는 문구가 쓰여 있었다.

등기 원인 및 기타 사항 : 구분으로 인하여 인천광역시 남동구 구월동 1450에서 이기

이기? 카톡에서도 띄어쓰기 다 하고, '효과'를 '효꽈' 아닌 '효과'로 발음해 친구들이 고개를 절레절레 흔들게 만드는 나. 지상파 아나운서였던 나조차도 이건 뭔가 했다. 이기? 전혀, 도무지, 단 한 번도 들어본 적 없는 단어다. 국어사전에 도움을 청했다.

이기11 : 移記. 옮기어 적음.

야, 너두 경매 할 수 있어!

이거였다. 무려 11번까지 내려가야 할 정도의 의미. 정말 처음 보는 어휘였다. 옮겨 기록하다. 역시 부동산, 법 관련 문서들은 어렵다. 한자가 난무한다. 쓸데없이 말이다. 어쨌든 잠깐의 국어 공부 후, 다시 등기부등본을 정독하기 시작했다.

소유권을 기록하는 '갑구'가 굉장히 빽빽했다. 지저분한 건 아닌데, 같은 내용이 반복 기록된 게 또 독특했다. 주식회사 '중앙 필하우스'가 등장하는데, 이 회사가 갑구의 순위 번호를 15까지 내려가게 했다. 뭔가를 '합병'했고, 전 층의 등기사항이 1번 등기 내용과 동일하다는 내용이 주르륵 이어졌다. 매매가가 말도 안 되게 저렴한 이유가 여기에 숨어있는 듯했다. 어쨌든 정상적인 건물은 아니었던 느낌인데, 구분 등기 직후 2011년 3월 22일에 본 물건, 511호가 매매됐다.

그로부터 10년 후인 2021년 7월에 현 소유자이자 채무자인 양○○과 매매 거래가 체결됐다. 놀랍게도 거래액은 금 '10,000,000원'이었다. 정말로 1천만 원. 그랬던 물건이 겨우 6개월 만에 강제경매로 넘어오게 된 상황. 이 요상한 물건의 요상한 히스토리.

감정 평가는 2022년 2월에 행해졌다. 매매 이후 겨우 6개월이 흐른 시점. 이게 오른 건지 떨어진 건지 참. 1.12평의 대지권이 11,000,000원이고, 2.61평의 건물이 9,000,000원. 합계 20,000,000원의 감정가 완성. 내내 흥미로운 숫자들의 향연. 이 물건이 11월 9일에 신건에서 유찰됐고, 인천이니 30% 낮춰져 한 달 후인 12월 9일 최저가가 14,000,000원이 된 상황. 이게 시세 파악이 가능할까? 연신 입가엔 흥미로운 미소가 넘실대면서 동시에 머리가 꽤 복잡해졌다. 진짜 이건 얼마짜리 오피스텔인 걸까?

"양○○ 선생님, 이걸 왜 1천만 원에 사셨고, 6개월 만에 집이 넘어갔나요? 아니 왜요?"

녹인의 notice!

1 등기부등본은 한 편의 역사서다. 진지하게 한 줄, 한 줄 정독해 볼 필요가 있다.

2 낙찰 후 명도 협상 시나리오를 그리며, 채무자의 히스토리를 파악해야 한다.

3 최대한 많이, 다양한 정보를 캐내야 한다. "그걸 어떻게 아세요?"라는 말을 채무자에게 들을 수 있게. 그렇게 자연스레 협상장에서 甲의 위치를 점할 수 있게.

YouTube가 촉발한
Money Game

나의 경매 교본은 책과 Youtube였다. 제도권(?) 출신이라며, 적확히 말하자면 지상파 아나운서였다며 유튜브 따위는 무시하던 나였다. 맞춤법 다 틀리고, 비표준어 난무하는 검증도 안 된 '잡지식'들이 무분별하게 떠다니는 그런 매체 같지도 않은 매체. 정말 대놓고 무시하고, 등한시했던 매체인지 뭔지 알 수 없는 그러한 소스. 딱 그 정도였다. 내게 유튜브란.

경매 고수들의 저서를 모조리 탐닉했다. 한데 그걸로는 뭔가 부족했다. 다 거기서 거기인 이론적 지식들. 그것들은 어느 정도 습득했다. 좀 더 실제적인, 실체가 있는 지식이 필요했다. 그렇게 극구 거부하던 그 '날 것'에 손을 내민다. 유튜브에 가입했다. 그러고는 눈 한 번 딱 감고, 미친 듯이 그 공간을 유영하기 시작했다. 결론적으로 책보다 낫더라. 유튜브가 더 효과적인, 더 의미 있는, 더 감사한, 더 나를 키워준 선생님이시다. 인정.

실전 투자를 시작한 이후에도 매일 저녁 경매 채널의 최신 영상을 시청했다. 당연한 일과가 됐다. 그랬던 11월의 어느 날에 그만.

"아이, 아 저걸 또 찾았냐. 아이 진짜!"

약간의 허탈함과 약간의 짜증과 약간의 멘붕이 동시에 내 이마 주름살을 깊이 팼다. 날 그렇게 만든 영상의 제목은 [2천만 원으로 연수익률 15% 월세 받는 소액 투자 부동산 재테크 내부 공개]였다. 구독해 즐겨보는 채널인 '집과 사람 경매학원'의 영상. 그들이 임장하며 소개하는 물건은 바로 그 물건이었다. 2천만 원이라니. 인천 구월동 중앙 레지던스였다. (이들이 나랑 케미가 잘 맞는 건지, 추후에 '거산 주택'도 함께 발굴하게 된다.)

나만 알고 있던 보물의 위치를, 잠시 긴장 놓은 사이에 보물섬 지도를 잃어버려 그게 다 공개되어 버린 느낌이랄까. 뭐 그런 썩 유쾌하지 않은 감정에 휩싸이더라. 일단 유심히 처음부터 꼼꼼히 영상을 시청했다. 나 또한 현장에 가기 전이었고, 그들 덕분에 미리 임장 한 번 하는 느낌으로 봤다. 우선 그 점은 고마웠다. 게다가 난 임장 가도 부동산에는 잘 들어가지 않는 편인데, 나 대신 공인중개사도 만나준 셈이니 또 고마웠다. 그럼에도 보물의 위치와 스펙이 다 탄로 난 건 참 좋지 않았다. 쉽사리 흥분이 가라앉지 않을 정도로.

내가 모니터 보며 조사한 내용은 거의 다 알려주더라. 그러면서 신건의 감정가가 2천만 원인데, 이 가격에는 현재 매매가 잘 이뤄지지 않는다고도 알려줬다. 역시 이미 내가 파악한 내용이었다. 그런데 그때. 바로 그때.

"그 가격에는 거래가 안 됩니다. 주인들도 많이 받아달라고 하는 게 1,500만 원이고, 실 매수자들은 한 1,400만 원 이하 정도에서 매수하려 할걸요."라는 멘트가 흘러나왔다.

"좋은데? 좋아. 고마워!"

내 입에선 이런 환호 섞인 대꾸가 터져 나왔다. 당연히 신건에 입찰하는 건 안 되고, 1회 유찰 때 입찰하는 물건인데 실 매수자들은 1,400만 원 이하에서 사려 한다니. 1회 유찰된 현 최저가가 1,400만 원이니, 그러면 이번에도 입찰하면 안 된단 말 아닌가. 고마웠다. 엄청 고마웠다. 보물섬의 지도는 와이파이 타고 날아가 유포됐지만, 그 섬에 보물 찾으러 가는 건 헛수고가 된단 말을 해준 셈. 오히려 잠재적 경쟁자들을 위축시켜, 실질 경쟁률이 낮아질 수도 있겠다 싶었다. 물론 이 영상 하나가 인천지법으로 향하는 이들의 출근(?)을 저지할 수는 없겠지만, 그래도 없는 거보단 나은 상황이었다. 뭔가 판이 내게 유리하게 흘러가는 느낌이 들었다.

대망의 2022년 12월 9일. 최저가 14,000,000원. 전날까지도

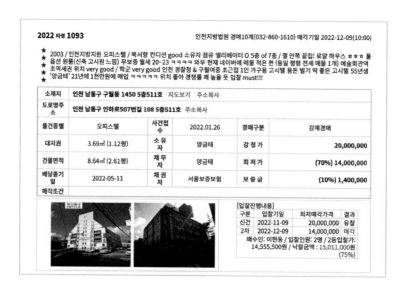

2022 타경 1093		인천지방법원 경매10계(032-860-1610) 매각기일 2022-12-09(10:00)		

★ 2003 / 인천지방지원 오피스텔 / 복서향 컨디션 good 소유자 점유 엘리베이터 O 5층 of 7층 / 꽬 안쪽 끝집! 로얄 하우스 ㅎㅎㅎ 풀
★ 옵션 원룸(신축 고시원 느낌) 무보증 월세 20~23 ㅋㅋㅋㅋ 와우 현재 네이버에 매물 적은 편 (동일 평형 전세 매물 1개) 예술회관역
★ 초역세권 위치 very good / 학군 very good 인천 경찰청 & 구월여중 초근접 1인 가구용 고시텔 용돈 벌기 딱 좋은 고시텔 55년생
★ '양금태' 21년에 1천만원에 매입 ㅋㅋㅋㅋㅋ 위치 좋아 경쟁률 꽤 높을 듯 입찰 must!!!

소재지	인천 남동구 구월동 1450 5층511호 지도보기 주소복사			
도로명주소	인천 남동구 인하로507번길 108 5층511호 주소복사			
물건종별	오피스텔	사건접수	2022.01.26	경매구분	강제경매
대지권	3.69㎡ (1.12평)	소유자	양금태	감정가	20,000,000
건물면적	8.64㎡ (2.61평)	채무자	양금태	최저가	(70%) 14,000,000
배당종기일	2022-05-11	채권자	서울보증보험	보증금	(10%) 1,400,000
매각조건				

[입찰진행내용]			
구분	입찰기일	최저매각가격	결과
신건	2022-11-09	20,000,000	유찰
2차	2022-12-09	14,000,000	매각
매수인: 이현동 / 입찰인원: 2명 / 2등입찰가: 14,555,500원 / 낙찰금액 : 15,011,000원 (75%)			

Money game 승!

고민했다.

"1,400에도 사면 안 된다고 했으니 그냥 1,401만 원 쓸까? 100 올리긴 좀 그런데?"

내게 자꾸 물었다. 급매가보다 싸게 사는 게 경매인데, 실거래 자체가 거의 없고 그조차도 1,400 이하를 찾는다는 물건을 1,400 이상 쓰는 게 상식적으로는 말이 안 되는 상황. 하지만 수익률이 너무나 높기에 무조건 잡긴 잡아야 하는 상황. 이럴 때는 질러야 한다. 게다가 뭐 1~2억이 왔다 갔다 하는 것도 아닌 고작 100만 원 가지고 고민하다니. 그러면 안 되는 밤이었다.

"2022 타경 1093, 인천 남동구 오피스텔의 최고가 매수인은 15,011,000원을 쓴 이현동 씨입니다."

Yes! 100만 원 시원하게⑦ 더 질러서 잡았다. 입찰 인원은 몇 명이었냐고? 나 포함 딱 2명. '단독 2위' 한 이는 14,555,500원을 써냈다. 455,500원 차이. 탄식과 실소가 여기저기서 터져 나오던 인천지방법원 법정. 승리의 'V'를 그리며 보물 채굴에 성공했다.

녹인의 notice!

1 유튜브 경매 채널은 모조리 다 시청하라. 최소한 남이 아는 건 나도 알아야 하지 않겠는가.

2 내가 찾은 물건이 영상에 등장하는 게 나쁘지만은 않더라. 내가 놓친 정보를 더 알려준다면 오히려 고마울 테니.

3 입찰은 심리 게임이다. 경쟁자의 머릿속으로 들어가라. 그리고 그들이 행하지 못할 정도의 과감함이 필요하다. 우리, 지를 땐 지르자.

혼자서도 잘해요,
등기는 셀프로!

꽤 바쁜 2022년의 12월이었다. 코로나19 창궐 이후 수년째 그랬듯, 그때도 연말 분위기는 그리 나지 않았다. 그저 조용히 각자의 삶을 사는 대한민국이었다. 나 역시 그랬고. 무려 100단위가 오갔던 'Money game'(?)에서 승리한 후 바로 대출을 알아봤다. 진심으로 진지했다, 난.

"아니 사장님, 이런 물건 찾은 것도 신기한데 이걸 무슨 대출을 받아요? 천만 원짜리인데!"

모든, 절대, 전혀. 이런 유의 수식어를 좋아하지 않고, 안 쓰는 나이지만 이때는 정말 '모든' 대출상담사가 그랬다. 1천 4백만 원에 횡재하듯 낙찰받고, 대출 가능 여부를 묻는 날 보며 다들 놀라워하며, 웃었다. 제발 적당히 좀 하라는 느낌으로. '자기 자본

금' 투입을 최소화하고, 즐기는 나로서는 아무리 소액이어도 아주 조금이나마 타인의 자본을 끌어들이고 싶었던 것. 내심 1천만 원 정도 대출받을 수 없나 물색했다. 정말 진지했다. 나.

이미 눈치챈 독자도 있겠지만, 감정가 2천에 낙찰가 1천 4백. 최우선변제금에도 못 미치는 정말 말도 안 되는 물건이기에 대출 자체가 승인 날 수 없는 부동산이다. 그런데도 난 일단 'Try' 해봤다. 뭐 안 되면 말고. 훗날엔 이렇게 찌르고, 찌르다 보니 안 된다던 대출이 되기도 하고, 2천 4백만 원이라던 승인 금액이 3천 6백만 원까지 올라가기도 하더라. 그러니 뭐든 적극적으로 다 해보는 자세가 중요하다. 부동산 경매라는 시장에서는. 들이댈 만큼 들이대 보자. 역시나 아니면 말고니까.

이렇게 대출은 물 건너가, 너무나도 아까운 피(?) 같은 내 돈을 1천 4백여만 원이나 투입하게 됐다. 곧바로 내 자본 비율을 줄일 수 있는 항목이 또 뭐 있을까 떠올려봤다. 아니 겨우 1,400짜리 물건에 법무사 비용으로 100만 원 가까이 지출하려니 참을 수 없었다. 그래서 결심했다. 법무사를 거부하기로. 대출도 안 받는데, 뭐 그렇게 법무사가 해줄 게 있겠나 싶었다. 꼬꼬마 때 꿈은 변호사였고, 아나운서가 된 이후 한때 LEET 공부도 잠깐 했던 나이기에 법무사 업무 그거 뭐 어려울까, 싶었다. 아 물론 법무사 님들의 전문성과 업무 능력은 고평가하고, 존중한다. 실제로 도움도 많이 받고 있고. 다만 이번 물건의 경우 대출 관련 업무도 없고, 부동산 등기만 하면 되기에 또 'Try' 해볼 만했다. 그래서 결국 등기소로 Go!

셀프 등기했던 이들의 후기는 온라인 공간에 넘쳐났다. 그들도 한 것을 내가, 우리가 못 할 이유가 있겠는가. 최소 50만 원은 아낄 텐데. 더 무겁고, 어려운 물건 때는 시도조차 못 할 테니 이번 1,400짜리로 나도 '셀프 등기' 한번 도전해보는 거지.

2023년 1월 18일, 인천지방법원과 인천지방법원 등기국을 오갔다. 둘은 5km 정도 떨어져 있어 멀지도 가깝지도 않았다. 이길동 모드로 휘리릭 법원부터 들렀다. 사전에 조사 많이 하고, 전날 집 앞 마포구청에서 필요한 서류 다 떼어 갔지만 쉽지 않았다. 신한은행에서 잔금을 납부하고, 경매계로 향했다.

"법무사이신가요?"

"아뇨. 낙찰자 개인이고, 본인입니다."

"…"

직원은 나를 위아래로 훑어본 후 입을 앙다물었다. 누가 봐도 법무사의 복장은 아니었고, 법원에서 찾기 힘든 컬러의 의상을 입은 날 보며 말없이 많은 말을 내뱉는 직원. 그래도 생긴 거⑺와 다르게 꼼꼼하고, 깔끔하게 서류 다 챙겨온 내게 살짝 놀라는 눈치였다.

등기국의 분위기도 크게 다르지 않았다. 대기하고 있는 수많은 회색 정장 사이에서 홀로 빛나는 초록 가방과 9부 팬츠. 타인

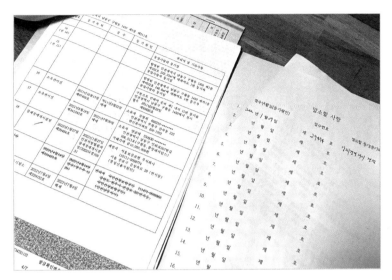
셀프 등기를 위한 서류 작성

의 그런 시선이 늘 익숙하기에 난 나의 할 일을 묵묵히 할 뿐. 등기국에 접수한 서류를 챙겨 다시 법원에 가야 하는 등 셀프 등기는 이동하는 게 다였다. 왔다 갔다 하다 보니 거의 3시간이 소요됐다. 비효율적인 기관별 분리 업무와 애매한 동선에 조금 지치기도 했지만 괜찮았다. 적어도 50만 원은 아낄 수 있으니. 투자를 위해 상대적으로 열악한 주거를 마다하지 않는 것과는 또 다른 의미의 '몸테크'라고나 할까.

그날 하루로 끝나지도 않았다. 일주일 후쯤 등기국에서 전화가 왔다. 뭔가 또 서류를 보정해야 한다더라. 이현동 '셀프 법무사'가 업무에 착수한 게 1월 18일인데, 2월 6일이 되어서야 등기 관련 절차가 종료됐다. 그렇게 룰루랄라 내 손으로 얻어낸 등기필 증을 들고, 구월동으로 직행했다. 50만 원의 1%인 5천 원짜리 스타벅스 커피를 드라이브 스루하는 사치를 부리며.

녹인의 notice!

1 대출을 받지 않는다면 법무사 비용을 들일 이유가 없다. 셀프 등기, 그리 어렵지 않다.

2 서류는 꼼꼼히, 정말 꼼꼼히 준비하라. 발급받는 시간, 이동 시간이 만만치 않다. 하나라도 빠뜨리면, 하루를 더 투자해야 한다.

3 시간 vs 돈! 본인의 상황을 잘 고려해 둘 중 하나를 선택하라. 비용 절감하겠다며, 며칠 투자하는 것보다 차라리 법무사에게 대행 맡기는 게 이득일 수 있다. 할 거면 제대로 하고, 어설프게 할 거면 그냥 돈을 써라. 시간이 금이다. 돈은 벌면 된다.

임대차 계약서
3종 세트

　지출은 최소화, 수입은 최대화하는 게 우리 모두의 목표이자 과제 아닐까? 이번 물건에서 우선 지출은 최소화했다. 1차 성공. 이제 다음 관문, 수입을 최대화하는 게 남았다. 욕심 많은 나로서는 두 마리 토끼를 다 잡아내야 했다. 입찰할 때부터 '중앙 레지던스'라는 이 오피스텔은 시세 차익형 물건이 아니었다. 전혀 아니었고, 그럴 수도 없는 물건이다. 절대로. 정말 절대로. 감정가 2천만 원짜리 물건이 적정 시세는 1천 4백만 원이라는데, 심지어 그 가격에 거래조차 전무한 특이한 오피스텔. 월세조차 향과 창문 유무에 따라 딱딱 표준화되어 있는 정말 독특한 오피스텔. 난 그런 게 조금 있다. 뭐든 남들과 달라야 하는. 그리고 자주 내뱉는 말.

"내가 왜? 왜 그래야 하는데?"

이 물건에 대고 많이 물었다. 내가 왜 정해진 대로 월세를 받아야 하냐고. 내가 매입한 내 부동산인데 내가 받을 월 임대료를 왜 내가 못 정하냐고. 난 나니까 내가 정하겠다고 마음먹었다.

511호는 로열층에 로열 호실이다. 7층 건물 중 5층이었고, 가장 끝에 있는 집. 내가 참 선호하는 그놈의 '끝 집'이다. 그리고 바로 옆에 공용 공간이지만 테라스가 있다. 물론 고시텔의 테라스는 '흡연 공간'의 동의어가 될 수 있다. 하지만 이 오피스텔은 거주민들이 서로를 감시(?)하며, 서로의 거주 공간 질을 떨어뜨리지 않기 위해 노력하는 꽤 수준 높은 커뮤니티가 형성되어 있었다. 자연스레 511호 바로 옆 공간에서도 담배를 피우기 힘든 상황. 511호 임대인인 나로서는 감사할 따름이었다.

게다가 고시텔의 특성상 건물의 중앙에 배치된 호실은 외기가 통하는 창이 없다. 당연히 월 임대료도 저렴하다. 반면에 511호를 포함한 바깥쪽 호실들은 창이 나 있다는 이유로 월세 시세가 상대적으로 높았다. 물론 그조차 굉장히 저렴한 편이었지만. 내부 호실은 20만 원 내외, 창이 있는 외부 호실은 23만 원 정도였다. 23만 원이면 1년에 276만 원. 매수 가격 약 1,500만 원으로 나누면 연수익률은 18.4%. 굉장히 높은 수치다. 그런데도 난 만족하지 못했다. 수익률이 아닌 월 임대료, 그 절대 가격에.

내 목표는 '월세 30만 원 받기'였다. 누가 뭐라든 난 그저

야, 너두 경매 할 수 있어!

'300,000원'을 내 통장에 찍겠다고 다짐했다. 그리고 '그러기 위해 뭘 해야 할까?'를 고민했다. 우선 내부 부분 리모델링 후 다른 호실과 차별화하려 했다. 월 임대료가 겨우 30만 원인데 도배하고, 장판 갈고, 세탁기 교체하고, 침대 바꾸고, 화장실 리모델링하려 했을까? No. 그건 아니고. 수리 비용은 정말 최소화, 진심 최소화해야 했다. 배보다 배꼽이 더 크면 아무 의미 없으니까. 우선 내부 모습 확인 후 도배와 장판 정도만 새로 해야겠다는 생각이었다. 일단 가야 했다. 과연 511호가 어떤 상태일지, 또 사연 많은 현 거주인이자 이제 '前 소유자'와 대면하기 위해.

2023년 2월 27일, 인천지방법원에 입찰 후 일상처럼 또 낙찰. 이후 중앙 레지던스로 직행했다. 계약서 3장을 들고.

"선생님, 안녕하세요. 연락드렸던 낙찰자입니다."

대답 없이 곧바로 511호의 문이 열렸다. 3개월 전, 임장 때 우연히 마주쳤던 양○○ 선생님. 그때 잠시나마 대화를 나눴던 기억에 긴장하거나, 별다른 떨림 없이 노크했는데 그도 그랬던 듯.

첫인상, 냄새는 나쁘지 않았다. 뭔가 퀘퀘한 향이 코를 찌를 것 같았던 내 예감은 다행히 빗나갔다. 1954년생 아버지뻘이 홀로 거주하는 공간. 상상했던 모습은 아니었다. 오히려 얕은 탄성이 나올 정도로 깔끔했고, 온화했다. 식물들이 맑은 산소를 뿜어내고 있었다. 청년 양○○ 군의 과거를 담은 사진들도 곳곳에서 나를 바라보며 미소 짓고 있었다.

"여기 앉으시죠. 좀 불편하지만."

"아 네. 괜찮습니다."

그는 침대에, 난 나무로 만든 스툴에 앉으며 딱딱하지 않은 협상이 시작됐다. 아, 임차 계약에도 비용 절감은 필수. 공인중개사 없이 임대인과 임차인의 독대 직거래. 먼저 '첫 번째' 계약서를 보여드렸다.

"보증금 300은 좀 많은데?"

예상했던 반응이었고, 이내 다음 계약서를 들이밀었다.

"네, 선생님. 그럼 이 조건은 어떤가요?"

보증금 300만 원에 월세 26만 원 조건의 첫 계약서 다음 장엔 보증금 200만 원에 월세 27만 원이 적혀있었다.

"보증금이 너무 많아. 이 정도 돈은 조금 어려운데."

역시나 또 예상했던 답변. 이제 내 '진짜 계약서'이자 히든카드를 꺼내 들 차례.

"선생님, 그러면 보증금 없는 조건도 있습니다. 보시죠."

솔깃해하는 양○○ 선생님. 세 번째 조건은 보증금 없이, 월세 30만 원이었다. 계약서를 보더니 금세 또 그의 표정이 어두워졌다.

"아니, 월세 30만 원은 너무 많지."

"대신에 보증금이 아예 없지 않습니까? 그러면 이 조건이 제일 낫지 않을까요?"

야, 너두 경매 할 수 있어!

보증금이 0원이라는 게 꽤 매력적이긴 했다. 임대인으로서는 보증금 없이 임차 계약을 한다는 게 말이 안 되긴 하지만. 그럼에도 난 '월세 30'이 중요했고, 본 물건에서 이루고자 하는 유일한 목표였다. 양○○ 선생님은 한참을 고민했다. 당장에 보증 금액을 무리해서 내고 월 임차료를 줄이느냐, 보증금 아예 없이 생각지도 못한 월세인 30만 원을 내느냐. 머리를 굴릴 만한 문제였다.

공실도 꽤 있고, 단기 체류하는 사람이 많은 중앙 레지던스. 몇몇 방은 이미 보증금 없이 월 임차료만 내는 조건으로 계약되어 있다는 것을 알고 있었다. 오랜 시간 주거 비용 지출 없이 살던 내 집에 갑자기 거금 몇백만 원을 내고, 월세까지 바쳐야 게 내키지도 않고, 쉽지도 않을 그. 사실 답은 나와 있었다.

"그럼 이렇게 하지. 보증금 없이 해."

"네, 그러면 월세 30만 원만 받는 걸로 하겠습니다. 여기에 성함, 주소 써주시고요."

인감도장은 내가 꾹꾹 눌러 찍었다. 그렇게 보증금이 없다는 리스크를 짊어지고, 내 목표 '월세 30'에 도장을 받아냈다. 계약을 마치고, 앉아서 양○○ 선생님의 이야기를 묵묵히 들어 드렸다. 그동안 어떻게 살아오셨는지, 어쩌다 이 오피스텔을 매입하셨는지, 또 어쩌다 금세 경매로 물건을 잃게 됐는지까지. 그의 스토리를 들으며, 애초에 했던 걱정들은 다 지울 수 있었다. 혹시나 했지만, 다행히 그는 삶에 대한 의지가 강했고 이곳에서 딱 1년

부동산(오피스텔)임대차 계약서

■□ 전세　■☑ 월세

임대인과 임차인 쌍방은 아래 표시 부동산에 관하여 다음 계약 내용과 같이 임대차계약을 체결한다.

1. 부동산의 표시

소 재 지	인천광역시 남동구 구월동 1450, 중앙레지던스 5층 511호 [도로명] 인천광역시 남동구 인하로507번길 108, 중앙레지던스 5층 511호			
토 지	지 목	대	면 적	3.69㎡ (1.12평)
건 물	구조·용도	오피스텔	면 적	8.64㎡ (2.61평)
임대할부분	511호 전부		면 적	8.64㎡ (2.61평)

2. 계약내용

제 1 조 (목적) 위 부동산의 임대차에 한하여 임대인과 임차인은 합의에 의하여 임차보증금 및 차임을 아래와 같이 지불하기로 한다.

보 증 금	금 삼백만원정 (₩3,000,000)		
계 약 금	금		
중 도 금	금		
잔 금	금		
차 임	금 이십육만원정 (₩260,000)	은 선불로 (매월 1일)에 지불한다.	

제 2조 (존속기간) 임대인은 위 부동산을 임대차 목적대로 사용·수익할 수 있는 상태로 2023 년 2 월 28 일까지 임차인 양금태 에게 인도하며, 임대차 기간은 인도일로부터 2024 년 2 월 29 까지로 (12 개월) 한다.
제 3조 (용도변경 및 전대 등) 임차인은 임대인의 동의 없이 위 부동산의 용도나 구조를 변경하거나 전대, 임차권 양도 또는 담보제공을 하지 못하며 임대차 목적 이외의 용도로 사용할 수 없다.
제 4조 (계약의 해지) 임차인이 계속하여 2기 이상 차임의 지급을 연체하거나, 제3조를 위반하였을 때 임대인은 즉시 본 계약을 해지할 수 있다.
제 5조 (계약의 종료) 임대차계약이 종료된 경우에 임차인은 위 부동산을 원상으로 회복하여 임대인에게 반환한다. 이러한 경우 임대인은 보증금을 임차인에게 반환하고, 연체 임대료 또는 손해배상금이 있을 때는 이들을 제하고 그 잔액을 반환한다.
제 6조 (계약의 해제) 임차인이 임대인에게 중도금(중도금이 없을 때는 잔금)을 지불하기 전까지 임대인은 계약금의 배액을 상환하고, 임차인은 계약금을 포기하고 이 계약을 해제할 수 있다.
제 7조 (채무불이행과 손해배상) 임대인 또는 임차인은 본 계약상의 내용에 대하여 불이행이 있을 경우 불이행한 자에 대하여 서면으로 최고하고, 계약을 해제할 수 있다. 이 경우 계약 당사자는 계약 해제에 따른 손해배상을 각각 상대방에게 청구할 수 있으며, 손해배상에 대하여 별도의 약정이 없는 한 계약금을 손해배상의 기준으로 본다.

계약서 #1

부동산(오피스텔)임대차 계약서

■□ 전세　■☑ 월세

임대인과 임차인 쌍방은 아래 표시 부동산에 관하여 다음 계약 내용과 같이 임대차계약을 체결한다.

1. 부동산의 표시

소 재 지	인천광역시 남동구 구월동 1450, 중앙레지던스 5층 511호 [도로명] 인천광역시 남동구 인하로507번길 108, 중앙레지던스 5층 511호			
토 지	지 목	대	면 적	3.69㎡ (1.12평)
건 물	구조·용도	오피스텔	면 적	8.64㎡ (2.61평)
임대할부분	511호 전부		면 적	8.64㎡ (2.61평)

2. 계약내용

제 1 조 (목적) 위 부동산의 임대차에 한하여 임대인과 임차인은 합의에 의하여 임차보증금 및 차임을 아래와 같이 지불하기로 한다.

보 증 금	금 이백만원정 (₩2,000,000)		
계 약 금	금		
중 도 금	금		
잔 금	금		
차 임	금 이십칠만원정 (₩270,000)	은 선불로 (매월 1일)에 지불한다.	

제 2조 (존속기간) 임대인은 위 부동산을 임대차 목적대로 사용·수익할 수 있는 상태로 2023 년 2 월 28 일까지 임차인 양금태 에게 인도하며, 임대차 기간은 인도일로부터 2024 년 2 월 29 까지로 (12 개월) 한다.
제 3조 (용도변경 및 전대 등) 임차인은 임대인의 동의 없이 위 부동산의 용도나 구조를 변경하거나 전대, 임차권 양도 또는 담보제공을 하지 못하며 임대차 목적 이외의 용도로 사용할 수 없다.
제 4조 (계약의 해지) 임차인이 계속하여 2기 이상 차임의 지급을 연체하거나, 제3조를 위반하였을 때 임대인은 즉시 본 계약을 해지할 수 있다.
제 5조 (계약의 종료) 임대차계약이 종료된 경우에 임차인은 위 부동산을 원상으로 회복하여 임대인에게 반환한다. 이러한 경우 임대인은 보증금을 임차인에게 반환하고, 연체 임대료 또는 손해배상금이 있을 때는 이들을 제하고 그 잔액을 반환한다.
제 6조 (계약의 해제) 임차인이 임대인에게 중도금(중도금이 없을 때는 잔금)을 지불하기 전까지 임대인은 계약금의 배액을 상환하고, 임차인은 계약금을 포기하고 이 계약을 해제할 수 있다.
제 7조 (채무불이행과 손해배상) 임대인 또는 임차인은 본 계약상의 내용에 대하여 불이행이 있을 경우 불이행한 자에 대하여 서면으로 최고하고, 계약을 해제할 수 있다. 이 경우 계약 당사자는 계약 해제에 따른 손해배상을 각각 상대방에게 청구할 수 있으며, 손해배상에 대하여 별도의 약정이 없는 한 계약금을 손해배상의 기준으로 본다.

계약서 #2

야, 너두 경매 할 수 있어!

부동산 (오피스텔) 임대차 계약서

■□ 전세　■☑ 월세

임대인과 임차인 쌍방은 아래 표시 부동산에 관하여 다음 계약 내용과 같이 임대차계약을 체결한다.

1.부동산의 표시

소 재 지	인천광역시 남동구 구월동 1450, 중앙레지던스 5층 511호 [도로명] 인천광역시 남동구 인하로507번길 108, 중앙레지던스 5층 511호			
토 지	지 목	대	면 적	3.69㎡ (1.12평)
건 물	구조·용도	오피스텔	면 적	8.64㎡ (2.61평)
임대할부분	511호 전부		면 적	8.64㎡ (2.61평)

2. 계약내용

제 1 조 (목적) 위 부동산의 임대차에 한하여 임대인과 임차인은 합의에 의하여 임차보증금 및 차임을 아래와 같이 지불하기로 한다.

보 증 금	금
계 약 금	금
중 도 금	금
잔 금	금
차 임	금 삼십만원정 (₩300,000) 은 선불로 (매월 1일)에 지불한다.

제 2조 (존속기간) 임대인은 위 부동산을 임대차 목적대로 사용·수익할 수 있는 상태로 2023 년 2 월 28 일까지 임차인 양금태 에게 인도하여, 임대차 기간은 인도일로부터 2024년 2 월 29 까지로 (12 개월) 한다.

제 3조 (용도변경 및 전대 등) 임차인은 임대인의 동의 없이 위 부동산의 용도나 구조를 변경하거나 전대, 임차권 양도 또는 담보제공을 하지 못하며 임대차 목적 이외의 용도로 사용할 수 없다.

제 4조 (계약의 해지) 임차인이 계속하여 2기 이상 차임의 지급을 연체하거나, 제3조를 위반하였을 때 임대인은 즉시 본 계약을 해지할 수 있다.

제 5조 (계약의 종료) 임대차계약이 종료된 경우에 임차인은 위 부동산을 원상으로 회복하여 임대인에게 반환한다. 이러한 경우 임대인은 보증금을 임차인에게 반환하고, 연체 임대료 또는 손해배상금이 있을 때는 이들을 제하고 그 잔액을 반환한다.

제 6조 (계약의 해제) 임차인이 임대인에게 중도금(중도금이 없을 때는 잔금)을 지불하기 전까지 임대인은 계약금의 배액을 상환하고, 임차인은 계약금을 포기하고 이 계약을 해제할 수 있다.

제 7조 (채무불이행과 손해배상) 임대인 또는 임차인은 본 계약상의 내용에 대하여 불이행이 있을 경우 불이행한 자에 대하여 서면으로 최고하고, 계약을 해제할 수 있다. 이 경우 계약 당사자는 계약 해제에 따른 손해배상을 각각 상대방에게 청구할 수 있으며, 손해배상에 대하여 별도의 약정이 없는 한 계약금을 손해배상의 기준으로 본다.

계약서 #3

만 더 살고 이사하겠다는 포부도 밝혔다. 그래서 계약 기간도 2년이 아닌, 1년으로 해드렸다.

　매월 1일에 월 임대료를 지급하는 조건으로 계약했는데, 선생님은 그날 그 자리에서 바로 다음 달 월세를 선지급하겠다 하셨다. 폰뱅킹을 하시려는데 뭐가 잘 안됐나 보다.

　"제가 좀 도와드릴까요?"

　공인인증서를 새로 깔고, 본인 인증까지 내가 함께 해드렸다. 그러고는 본인 손으로 '이체'를 누르시게 도와드렸고, 내 통장에 곧바로 '입금'이 찍혔다. 그렇게 3월분을 2월 27일에 바로 송금해

주셨다.

말도 안 되는 연 수익률이다. 이 물건을 보여줄 때마다 다들 1억 4천인 줄 알더라. 그러다가 '0'이 하나 빠진(?) 걸 확인하고는 다들 이게 뭐냐는 반응을 보인다. 그렇게 내 보물, 내 최고의 효자 물건은 지금도 유효하다. 양○○ 선생님도 건강하시고. 월말이 되면 늘 다음 달을 맞이하라고 내게 미리 알려주신다. 단 한 번도 1일에 월세를 보내신 적이 없다. 늘 26일 전후로 '얼리 송금' 하신다. 내 목표 금액이었던 '30만 원'을.

녹인의 notice!

1 시세는 시세일 뿐. 시세보다 너 받고 싶다면 차별화히라. 내 물건만의 특장점을 더해라. 뽐내라.

2 협상은 전략적으로. 상대의 심리를 파악하라. 여러 조건을 제시해 선택할 수 있게 하라. 마치 임차인이 甲인 것처럼 느끼게.

3 착한 임대인이 되자. 임차인은 임대인의 아랫사람이 아니다. 임차인은 내게 '수익금'을 직접 주는 '귀인'이다. 진심으로 다가가고, 그들의 목소리에 귀 기울여야 한다.

30대도 연금 받을 수 있어요,
무려 30만 원

띠링띠링. 딩동. 뿍뿍. 부동산 투자를 시작한 이후, 스마트폰에 참 다양한 알림음이 있다는 걸 알게 됐다. 우리, 신한, 하나, 수협, 카카오, 새마을금고 등 수많은 은행의 계좌를 용도에 따라 달리 활용하고 있는 나. 이제는 알림음만 듣고도 어떤 부동산의 월 임대료, 에어비앤비의 예약 문의, 강의료 입금 등을 다 구분해 내는 경지(?)에 이르렀다. 그중 신한은행의 알림음을 가장 기다리고, 아낀다. 늘 예정일보다 며칠 더 일찍 울리는 그 알림음을 좋아한다.

월 임대료 30만 원에 임대 계약한 중앙 레지던스. 분명 계약서상에는 매월 1일을 월세 지급일로 명시했건만, 훌륭한 세입자이신 양○○ 선생님은 늘 부지런하시다. 전월 26일만 돼도 내게 30만 원 입금 완료를 알리신다. 경쾌한 알림음으로. 그 덕분에 난

야, 너두 경매 할 수 있어!

30대에 월 30만 원의 민간 연금(?)을 받게 됐다. 오랜 기간 납부하지도 않은, 일시금으로 약 1,500만 원을 내고 월 30씩 꼬박꼬박 받는 아주 경이로운 연금을. 이 연금 지급 기관의 기관장(?)이신 양○○ 선생님께 늘 감사하다. 2년째 받고 있는 이 소중하고 귀여운 금액이 꽤 쏠쏠하다.

"양○○ 선생님이 나 골프 라운드, 월에 한 번씩 보내주시는 거 같아."라고 친구들에게 자랑했던. 물론 요즈음엔 골프 줄이고, 차곡차곡 돈 모아 재투자금으로 활용하려 한다.

대한민국의 연금 제도에 대해 어떻게 생각하는가? 갑자기 너무 추상적이고, 광의의 질문을 던진 건가? 나의 부모님은 곧 국민연금을 수령하게 된다고 하셨다. 오랜 세월 꾸준히, 장기간 월 납부금을 성실히 내신 덕분이다. 반면에 나는, 요즘 젊은 세대의 다수와 같이 국민연금에 대한 회의감을 쭈욱, 굉장히 오래 가졌고 여전히 품고 있다. 과연 이 나라의 연금 제도가 나의 미래, 나의 노후를 제대로 보장해줄지 늘 의문 가득하다.

타인을 잘 믿지 않고, 타인에게 기대 또한 거의 하지 않는 나로서는 국가에 대한 기대 역시 없다. 뭐 해주면 좋고, 안 해줘도 그만인 정도랄까. 물론 국가라는 품 안에서 잘 살아가고 있지만, 그 정도면 충분하다. 더 잘 사는 건, 개인의 노력 여하에 따라 그 차이가 벌어지는 게 자본주의 사회의 특성이자 당연한 결과라 생각한다. 그래서 연금도 민간의 영역에 더 기대한다. 난 조금 특이하게도, 소유한 부동산에서 받는 임대료를 매월 수령하는 연금이라 바꿔 생각하려 한다.

부동산 부자들이 따박따박 받는 월세를 시기하는 이들이 많다. 나 또한 어릴 때, 부동산이 뭔지도 모르던 시절엔 그들과 같았다. 겨우 1년여 남짓한 짧은 기간 안에 그러한 생각이 완전히 정반대로 바뀐 현재의 내가 놀랍긴 하다. 부동산으로 벌어들이는 수입을, 적지 않은 이들이 '불로소득'이라 칭한다. 자신처럼 열심히 땀 흘려 일해 얻는 근로소득이 아닌 그것을 부러워하면서 동시에 못마땅해하기도 한다. 그런데 아니더라. 실제로 경매 법정에 매일 출근(?)하고, 입찰하고, 패찰의 패배감에 힘들어하다가 낙찰하고, 수소문해 대출받고, 내용증명을 보내고, 살던 사람을 내보내고, 인테리어를 하고, 새로운 세입자를 들이고. 그러고 나서 몇 달 후에야, 비로소 꿈꿨던 월세라는 걸 받게 되는 일련의 과정이 '노동'이 아니라고 보는가? 그렇지 않다. 주는 걸 받는 '월급'과 준다고 보장되어 있지 않은 '월세'를 받아내는 과정은 매우 다르다. 오히려 월세를 받아내는 과정이 더 힘들지 않을까? 물론 노동 시간과 강도는 상대적으로 낮을 수 있겠지만, 그 과정에서 얻는 스트레스는 더 크다고 본다.

고백하자면, 늘 웃는 얼굴에 즐겁게 사는 것처럼 보이는 난 2주에 한 번씩 피부과에 가야 했다. 원형 탈모 치료 주사를 맞으러. 무형의 스트레스는 이만큼 무서운 것. 그러니 부동산 수입을

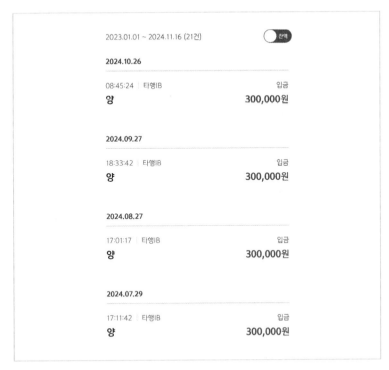

연금(?) 30만 원 입금 내역

'불로소득'이라 치부하지 말길.

　노동계의 흥미로운 통계 자료를 봤다. 의사, 변호사 등의 전문직이 왜 다른 직종보다 높은 소득을 올린다고 생각하는가? 직업을 통해 얻는 스트레스와 수입은 '정비례'한단다. 의료사고의 가능성, 생명을 다루는 일상에서 받는 의사의 스트레스. 의뢰인의 패소로 인한 심리적 고통을 받는 변호사의 스트레스에 대한 대가가 '고소득'인 셈이다. 부동산 투자가도 그 정도의 고통을 겪진 않더라도, '원형 탈모'가 올 정도의 스트레스는 받으니 노력한 만큼 투자 수익을 올리는 게 아닐까?

그러니 여러분, 국가를 너무 믿지 말고 본인이 본인의 미래를 스스로 보장하시길. 야금야금 월세 수익을 창출해 내며, 국민연금보다 나은 '부동산 연금' 수령자가 되시길. 저처럼요. 아, 대신 원형 탈모는 얻지 마시길. 행여나 발견했다면 곧바로 피부과 가셔야 합니다. 하루라도 빨리 주사 맞아야 한다고 그러더군요, 피부과 전문의가. 앗, 갑자기 아이폰이 울린다.

"아니, 요 앞에 집이 하나 올라가는데 당장 옮기기는 힘들고. 나 그냥 한 1년 더 살까 하는데."

양○○ 선생님의 목소리다. 이렇게 나의 민간 연금 30만 원 수령 기한은 1년 더 묵시적⑺ 연장됐다.

1 부동산 수익은 결코 '불로소득'이 아니다. 심리적 노동 강도가 크다. 스트레스를 관리하라.

2 월세 수익을 조금씩 늘려 '부동산 연금' 수령액을 늘려라. 국가는 절대 여러분의 노후를 온전히 보장하지 않는다.

3 수익률이 중요하다. 월 수익 대비 실투자금을 잘 계산해야 한다. 5억짜리 상가에서 월세 380만 원 받는 것보다, 1,500만 원짜리 오피스텔에서 월세 30만 원 받는 게 낫다.

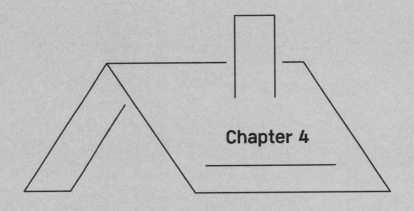

Chapter 4

제가 알아서 할게요:
주관

임장을 위한 임장은
No!

임장 : 어떤 일이나 문제가 일어난 현장에 나옴.

'임장'이라는 어휘의 사전적 의미다. 임장이라는 말을 모르는 이는 없겠지. 적어도 지금 이 책을 쥐고 있는 이라면 당연히 알고 있을 부동산 용어. 지금에서야 나도 어색하지 않게 입 밖으로 꺼내지만, 처음 들었을 땐 쉽사리 입에 붙지 않았다.

"임장이 뭐야? 한자는 뭐 쓰는 거지?"

늘 뭐든 이유가 있어야 하고, '왜'가 중요한 나에게 이 묘한 단어는 썩 와닿지 않았던 게 사실. 사전을 뒤적인 후 더욱 이상한 반감(?)이 들긴 했다.

'뭔 장에 임한다는 거야? 그냥 현장 조사라고 하지.'

뭐 어찌 됐든 다수가 쓰는 말이 소통하기 편하고, 빠를 테니 받아들이기로 했다. 여전히 유쾌하게 다가오는 말은 아니지만.

부동산 경매 시장에 뛰어든 이후 가장 자주 하는, 해야 하는 '업무'가 이 임장이 아닐까 싶다. 어디든 일단 현장에 가야 뭐든 시작이 되니까. 그러다 보니 하루에 여기저기 여러 곳의 부동산을 탐방하는 게 일과이자 일이 됐다. MBTI 유형 ENTJ이자 '극 J'인 나답게 유려하게 동선을 짜, 부드럽게 모든 곳을 탐방해낼 때 희열을 느낀다. 역마살도 있으니 일인 듯 놀이인 듯 여행인 듯 해내는 이 임장이 흥미로울 수밖에. 다만 '임장을 위한 임장'은 절대 거부한다.

경매 공부를 하면서 만나는 스터디원들. 그들과 함께하는 임장. 한 곳을 분석, 조사하고 난 후 즐기는 치맥. 이런 식의 임장 코스. 혹시 뜨끔하셨는가? 이렇게 하는 임장, 나름의 매력이 있다. 혼자 가기 힘든 현장에 동료들과 파이팅하며 방문하고, 정보를 주고받고, 내가 캐치하지 못 한 부분도 타인의 시각에서 바라볼 수 있고. 여기까지는 나도 좋다고 본다. 하지만 그 이후가 문제라 느낀다.

'오늘 한 군데 다녀왔으니 됐다. 이제 먹고 마시자.'

이런 자기만족을 경계한다. 그럴 시간에 난 두 군데 더 임장하는 편이다. 그러다 보니 동료가 적다. 아니 없다고 해도 무방하다. 내가 가고 싶은 서너 군데의 현장이 그들의 그곳과 매번 일치할

야, 너두 경매 할 수 있어!

수 없으니. 그래서 혼자 다닌다. 혼자 가고, 혼자 사진 찍고, 혼자 분석하고, 혼자 수익률 계산하고, 혼자 밥 먹고, 혼자 만족해하며 귀가한다. 나의 임장은 이러하다. 그렇게 1일 1임장이 아닌 '1일 多임장'을 지향한다. 누구보다 빠르게, 부지런하게, 효율 높게.

2022년 가을, 드디어 난 육지를 뜨게 됐다. 서울과 인천을 건너 제주도로 날아가게 됐다. 역사적인 첫 제주도 정복을 위해. 역시나 혼자였다. 제주도까지 따라갈⑦ 혹은 함께 갈 동지는 당연히 없었다. 매번 분명한 목적성을 띤 임장 투어였다. 늘 아침 비행기를 타야 했다. 제주지방법원에서 입찰부터 해야 했기에.

가족과 함께 여유를 즐길 세컨 하우스를 장만하는 꿈을 품었더랬지. 부동산 경매도, 어쩌면 그 로망을 실현하기 위해 시작한 것일지도. 육지⑦에서 몇 번 낙찰한 후 자신감이 붙었고, 이제 그 꿈을 현실화할 타이밍이라 느꼈다. 눈여겨봤던 타운하우스 스타일의 아파트 입찰일에 맞춰 또 날아갔다. 10월 18일. 그렇게 입찰 후 곧바로 3건의 물건을 임장했다. 제주시의 법원에서 단숨에 서귀포시로 1시간 이동 후 차례차례 물건 현장을 섭렵했다. 입찰 후 세 군데나 임장했다? 입찰의 결과가 어떠했을지 눈치채셨으리라 본다.

서귀포시 남단, 시곗바늘로 보면 6시에서 7시 사이 정도의 위치. 법환포구로 향했다. 패찰의 아픔에 마음이 시렸지만, 이내 몸에 온기가 돌았다. 첫 번째 물건의 전경이 내 시선에 담기는 그 순간.

"오!"

이 짧은 감탄사 하나면 충분했다. 커다란 야자수 나무가 잘 조경된 고급스러운 단지. 2020년 2월 사용 승인이니 신축급에 가까운, 아니 그냥 신축이었다. 분양 공고 속 사진만 봐도 인테리어에 꽤 공을 들인, 사심을 빼고 봐도 굉장히 고급스럽게 잘 지어진 만족스러운 주택이었다. 가격대도 괜찮았다. 무엇보다 도보 1분 거리에 법환포구 바다가 펼쳐진다는 게 가장 아주 매우 very 내 마음에 쏙 들었다. 이 물건이다 싶었다. 오전의 패찰은 기억도 나지 않더라. 인간은 망각의 동물. 입찰일을 체크하고 다음 두 물건으로 향했다.

한데 이미 첫 번째 물건에 매료된 상황이라 나머지 두 집은 눈에 들어오지 않았다. 사실 후에 만난 두 주택은 최고급 주택 단지라 더욱더 좋은 물건이었음에도 일단 내게 오긴 힘든 것들이었다. 경매로 나온 건 아니었고, 그저 케이스 스터디 차원에서 탐방했던. 그렇게 시야와 안목을 더 높이고, 가벼운 마음으로 김포행 항공기에 올라탔다. 엷은 미소와 함께. 임장을 위한 임장은 당연히 아니고, 낙찰을 위한 임장이었길 바라며. 재빨리 머리를 굴리며, 입찰가를 산정하며 그렇게.

야, 너두 경매 할 수 있어!

녹인의 notice!

1 임장은 여행이 아니다. 시간 때우기용 일정도 아니다. 목적의식을 갖고 임해야 한다. 임장 후의 '치맥'도 좋지만, 본질은 임장 그 자체다. 즐기는 건 본질을 채운 후 누려도 늦지 않다.

2 임장 때 유용할 Tip! 현관문 앞에 배송된 택배 봉투 위 이름과 전화번호 등으로 현 거주자와 채무자가 동일 인물인지, 실제 거주 중인지 등을 파악할 수 있다.

3 임장은 1일 3건! 1일 1식은 다이어트할 때나 쓰는 용어다. 하루에 하나만 보고 오기에는 우리의 시간이 너무 소중하다. 직장인이라면 더욱. 하루 바짝, 효율적인 동선 계획 후 최대한 많은 물건을 찍고 오라.

네?
18만 원 차이라고요?

슬프지만, 아 물론 지금에서야 감사한 기억이지만, 2022년 10월 18일을 지긋이 떠올려보려 한다. 무려 아침 7시 제주항공을 타고 제주로 날아갔다. 제주공항에 도착하자마자 '허'자 캐딜락 XT4를 몰고 곧바로 제주지방법원으로 향했다. 부동산 투자를 하면, 아니 정확히 말하자면 제주도 임장 캠프(?)는 참 재미있다. 타보고 싶던 차를 하나씩 렌트해 타보는 맛이 꽤 달콤하다. 그렇게라도 기분을 좀 낸다. 다가올 '패찰의 아픔'을 조금 녹여주는 한 스푼의 제로 시럽이랄까.

2021 타경 27272. 지난 임장 후 내내 내 머릿속을 지배하던 물건. 첫 느낌을 매우 중시하는데, 이 집은 마냥 좋았다. 처음부터. 물론 그날의 해맑던 날씨가 한몫했을지도. 은근히 기분, 상황,

야, 너두 경매 할 수 있어!

날씨, 숙면 여부 등이 임장 때 주관적 요소로 많이 많이 작용한다. 그래서 더 냉정해져야 한다. 장맛비 맞으며 임장했다고, 그 물건이 60점짜리 상품인 건 아니기에.

서귀포시 강성동에 있는 강징 코아루 2차. 2019년 4월에 사용 승인된, 외관부터 깔끔 깔끔한 주택. 1층 집엔 테라스도 있어 3층인 본 물건이 다소 아쉽긴 했다. 하지만 면밀히 보니 차양으로 가리지 않은 1층 집은 내부가 훤히 들여다보였다. 테라스에서 파티하면 단지 전체에 소문(?)날 구조라 오히려 보안상 썩 좋아 보이지 않았다. 3층이 더 나았다. 당연히 엘리베이터 있고, 방 3 화 2로 구성된 84㎡ 주택. 내가 그리던 제주도 세컨 하우스에 딱 맞는 집이었다.

제주도 임장 때는 오감 중 '후각'을 열어야(?) 한다. 냄새를 잘 맡아야 한다. 바다랑 가깝고, 산들바람이 불고, 남향이고, 건물 깔끔하고, 주차 시설 완벽해도 냄새를 잘 맡아야 한다. 제주도는 그렇다. 나 역시 사진 찍고, 돌아보며 줄곧 '킁킁'댔다. 어떠한 향이라도 다 코로 빨아들이겠다는 자세로. 다행히 사전 조사한 대로 어떠한 'smell'도 맡을 수 없었다. 단지 바로 옆엔 감귤밭이 있었다. 반경 수 km 내에 축사는 없었다. 제주도는 내륙과 다르다. 네이버 지도를 펼쳐 물건지 근처에 '축사'가 있는지 꼭, 필수적으로, 꼼꼼하게 체크해야 한다. 아무리 괜찮은 물건이라도 가축과 이웃사촌 맺을 수 있는 위치라면, 한여름 청량한 제주 라이프의 꿈은 와장창 깨지게 된다. 제주는 보이는 게 다가 아니다. 코로 맡는 게 다일 수도 있단 걸 절대 잊지 마시길.

임장 때의 확신과 추억을 떠올리며, 법정에 입장했다. 사람이 꽤 많았다. 또 흥미로운 사실 하나. 제주도의 경매는 매주 화요일에만 열린다. 자연스레 인파로 가득하다. 서울이나 인천처럼 경매계가 많아 매일 경매장이 열리는 게 아닌, 하루에 몰아서 다 처리(?)하는 시스템이다. 직장인이라면 본인의 화요일 일정을 잘 조율하시기 바란다. 늘 그렇듯 입찰표는 전날 밤, 집에서 다 써놓은 상태. 입찰 금액은 절대 수정하지 않는다. 이날 역시 경쟁자들이 많아 보여 살짝 움찔했지만, 난 늘 나의 감을 믿고 간다.

"아니면 말고!"

그렇다. 이번 물건 놓치면, 또 다른 물건이 내게 노크할 테니. 그렇게 운명에 순응한다. 그저 흘러가는 대로.

본 물건은 당시 매매 시세가 3억 3천~3억 9천만 원 사이였고, 감정가는 3억 9천 5백만 원이었다. 1회 유찰 후 30% 빠진 최저가 2억 7천 6백 5십만 원. 일단 내 특기이자 취미인 '앞자리 바꾸기'로 2억 8천부터 자체 감정을 시작했다. 당시 제주도 주택의 낙찰가율과 동일번지 물건, 인근 물건의 입찰 경쟁률 등을 고려해 고심했다. 그렇게 도출해낸 나의 숫자는 72였다. 감정가의 72%. 물건 자체가 꽤 매력적이라 2억 8천 초반대 금액으로 몇 명 들어올 거라 예상했고, 조금 세게(?) 지를 필요가 있었다. 2억 8천 5백 대는 써내야 경쟁력이 있으리라 봤다. 내 시그니처 금액인 11,000원을 붙여 2억 8천 5백 1만 1천 원이라는 금액을 입찰표에 또박또박 써 내려갔다.

하루에 수많은 물건을 다 개찰하다 보니, 제주지방법원의 회요일은 길다. 제주도는 내륙과 완전히 다르다. 아파트, 빌라 등의 주택이 인기인 서울, 인천과 달리 제주는 땅이 많다. 토지 경매가 많다. 이날도 토지, 토지, 토지 개찰에 수많은 어르신이 몰렸고, 내 물건은 한참 뒤에야 만날 수 있었다. 인천지방법원에서는 정오면 퇴근하곤 했는데 말이다. 자, 그래서 결과는?

"2021 타경 27272. 서귀포시 강정동 물건은 총 세 분이 입찰하셨습니다."

"으응? 3명이라고?"

놀라지 않을 수 없었다. 그 많은 사람 중 겨우 3명이 입찰했다니. 내 예상과는 완전히 다른 저조한 인기도에 흠칫했다. 그러면서 이내 씨익 입가에 미소가. '되겠네!'라는 마음과 함께 다음 멘트를 환영하려는데.

"본 물건의 최고가 매수인은 2억 8천 5백 2십만 원을 쓰신…."

"으응? 520??"

그렇게 말없이 멍해진 나. 그런 내 옆을 스치며, 경쾌하게 앞으로 뛰쳐나가는 한 여성. 이후 보증금 반환받으러 가는 나를 묘한(?) 표정으로 바라보는 타인들. 딱 189,000원 차이. 1등과 2등의

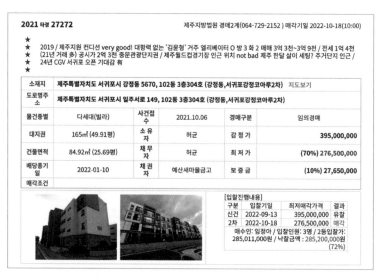

2021 타경 **27272**			제주지방법원 경매2계(064-729-2152) 매각기일 2022-10-18(10:00)			
★ ★ ★ ★ ★		2019 / 제주지원 컨디션 very good! 대항력 없는 '김윤형' 거주 엘리베이터 O 방 3 화 2 매매 3억 3천~3억 9천 / 전세 1억 4천 (21년 거래 多) 공시가 2억 3천 중문관광단지권 / 제주월드컵경기장 인근 위치 not bad 제주 한달 살이 세팅? 주거단지 인근 / 24년 CGV 서귀포 오픈 기대감 有			

소재지	제주특별자치도 서귀포시 강정동 5670, 102동 3층304호 (강정동,서귀포강정코아루2차) 지도보기				
도로명주소	제주특별자치도 서귀포시 일주서로 149, 102동 3층304호 (강정동,서귀포강정코아루2차)				
물건종별	다세대(빌라)	사건접수	2021.10.06	경매구분	임의경매
대지권	165㎡ (49.91평)	소유자	허균	감정가	395,000,000
건물면적	84.92㎡ (25.69평)	채무자	허균	최저가	(70%) 276,500,000
배당종기일	2022-01-10	채권자	예산새마을금고	보증금	(10%) 27,650,000
매각조건					

[입찰진행내용]

구분	입찰기일	최저매각가격	결과
신건	2022-09-13	395,000,000	유찰
2차	2022-10-18	276,500,000	매각

매수인:임정아 / 입찰인원: 3명 / 2등입찰가: 285,011,000원 / 낙찰금액 : 285,200,000원 (72%)

전화위복? 18만 원 차이 2등

차이. 희비는 그렇게 갈린다.

"아오…. 후…."

그렇게 말없이 법정에서 퇴장했다. 뭐 어쩌겠는가. 매우 매우 아주 정말 많이 아쉬웠지만, 딱 거기까지. 돌려받은 보증금 봉투 꽉 쥐고, 왼손은 주먹 한 번 꽉 쥐고 XT4에 시동을 걸었다.

야, 너두 경매 할 수 있어!

녹인의 notice!

1. 제주지방법원의 경매는 매주 화요일에 열린다. 화요일 일정 조율 요망.

2. 제주도 물건은 본건보다 주변 시설 체크가 더 중요. 악취 풍기는 축사 인근 물건은 피해야 한다. 꼭!

3. 제주도 입찰 때는 오후에 임장할 물건들 동선을 잘 짜야 한다. 비행기 타고 날아간 김에 볼 수 있는 거 다 보고, 할 수 있는 거 다 하고 와야 하지 않겠나.

비대면 명도,
얼굴도 몰라요

18. 18만 원이라니. 숫자도 참 흥미롭게 묘했다. 18만 원 차이로 '아무에게도 기억되지 않는' 2등이 된 이는 정확히 2주 후, 또 제주행 비행기에 몸을 띄웠다. 이번엔 조금 더 비장한 각오를 품고. 꼭 보증금 영수증 쥐고, 김포공항에 랜딩하겠다는 심산이었다. 퇴근 후에 탐방할 '물건 리스트' 없이 법원으로 출근한 건 이날이 처음이었다. 임장도 없고, 서울로 돌아가는 비행기도 무려 14시 45분 발이었다. 가히 임전무퇴臨戰無退.

18만 원 부족해 은메달 획득한 후 3건의 물건을 돌아봤더랬다. 그중에서 단언컨대 1등이었던 물건. 그 물건에 입찰했다. 2주 전에 패한 물건보다도 훨씬 좋은 주택. 서귀포시 법환포구 바로 앞에 있는 고급 주택 단지. 2020년 2월에 사용 승인된 진짜 제대

야, 너두 경매 할 수 있어!

로 신축급. 방 3 화 2의 $84m^2$. 도보 1분 거리에 바닷가. 그런데도 맨 앞 동이 막아주는 뒷동이라 소음 공해도, 태풍에 유리창 깨질 염려도 없는. 안방에선 오션뷰가 펼쳐지고, 필로티 구조 위에 떠 있는 2층집. 아랫집이 없으니 층간 소음 따위는 신경 쓸 필요조차 없는. 뭐 하나 빠짐없이 예쁜 집이었다. 그래서 꼭 내 것으로 만들어야 했다.

"2022 타경 22410. 서귀포시 법환동 주택은 단독 입찰하셨습니다."

"엥…?"

단독 입찰이라는 말에 순간 동공이 흔들흔들했다. 하지만 감정가 3억 5천 6백만 원인 물건을, 73%의 낙찰가율로 2억 6천 1백 1만 1천 원에 결국 입수했다는 기쁨이 금세 눈빛에 힘을 실어줬다. 아, 엄밀히 말하면 나 대신 어머니가 획득하신 것. 약국을 30년 넘게 운영하신 모친의 신용점수가 무려 '1,000점'이었다. 이미 몇 건을 낙찰받고 경락잔금대출도 실행한 나보다는 어머니 명의가 더 유리하다는 판단. 마치 모친을 고객으로 모시듯 위임장을 받아 내가 대리 입찰했고, 어머니 단독 명의로 첫 주택을 선사(?)해드렸다. 아 물론 난 대리인일 뿐, 자금의 원천 역시 어마마마였다.

VIP 모친 고객님의 의뢰를 받아 입찰부터 명도까지 전 과정을 진행했다. 아, 또 정확히 따지자면 내가 입찰하여 처리하는 물

모친의 신용점수 무려 1,000점

건에 어머니의 이름만 빌린 것일지도. 뭐 우린 가족이자, 특수(?)
관계인이니까. 후엔 완비된 집을 세컨 하우스로 공유할 테고. 어
쨌든 바로 작업을 시작했다. 기존 임차인을 내보내는 작업을.

　이 프로젝트는 특별하고도 특수했다. 나와 고객님(?)의 관계
만큼이나. 일단 제주도에 있으니 내가 매번 현장에 왔다 갔다 하
기 힘들었다. 시간과 교통비가 어마어마하게 들기에 '비용 절감'

이 가장 중요한 포인트였다. 대출 실행을 위해서는 본인이 필수적으로 은행을 방문해야 하기에 어머니와 함께 비행기를 타긴 해야 했다. 딱 한 번의 방문으로 자서까지 모든 과정을 완료하기 위해, 팩스와 등기 우편으로 사전에 모든 서류를 완비해 보냈다. 동시에 임차인에게 내용증명을 발송했다. 낙찰 2주 후인 22년 11월 16일에 그렇게 우편물들을 바다 건너로 날려 보냈다. 그러고 나서 11월 30일에 어머니 손 잡고, 아마도 초등학교 6학년 이후 처음으로 함께 제주행 비행기에 올랐다.

약 2억 6천만 원에 낙찰받고, 대출은 1억 9천만 원이 승인됐다. 역시나 무려 1,000점에 이르는 어머니의 최고 신용점수와 넉넉한 DSR 덕분이었다. 대출 이자는 좀 나오지만, 그 정도는 감내할 수 있는 플랜을 준비 중이었다. 문제는 임차인이었다. 12월 8일에 잔금 납부까지 완료했는데, 그때까지도 내용증명에 대한 회신이나 전화 연락이 오지 않았다. 심지어 내용증명은 반송되어 서울로 돌아왔다. 그러다 5일 후 모르는 번호로 전화가 한 통 왔다. 받지 않았다. 그러자 바로 알림음 뿅뿅.

[서귀포 디자인뷰 ○○○동 ○○○호에 살고 있는 세입자입니다~ 연락 기다리겠습니다]

라는 문자 메시지. 내용 확인 후 곧바로 전화를 걸었다.

"왜 이제야 전화를 하셨나요? 저희는 이미 대출 이자로 한 달에 150만 원을 내고 있습니다."

"네? 아, 저희가 집을 자주 비워서 이제야 확인했네요. 죄송합니다."

아이와 함께 젊은 부부가 살고 있다. 저녁엔 불이 켜져 있다. 그 집에서 잘살고 있다. 다 직접 확인한 사실들. 목소리를 들으니 그리 나쁜(?) 사람 같지는 않았으나, 괘씸하긴 했다. 내용증명 발송 후 무려 한 달이나 지난 후에 연락을 해왔으니. 본 물건 처리 계획이 꽤 지연된 것 때문에라도 기분이 썩 유쾌하진 않았고.

"이사비는 얼마나 주시나요?"

"이사비요? 선생님께서 연락을 너무 늦게 주셔서 저희는 이미 대출 이자 지출이 많네요."

"…"

"내용증명에 명시한 대로 기간에 따라 지급합니다. 이미 한 달이 지나 이사비는 150만 원 지급 가능합니다."

"네? 150이요? 아니 그 금액으로는 제주도에서 이사 못 합니다. 여기는 육지보다 돈 더 들어요."

Okay. 하나 육지보다 비용이 더 드는 게 나의 탓은 아니잖나. 그러니 일찍 연락했어야지. 내용증명 반송 후 새로 발송한 '합의서' 내용에 변동은 없다고 못 박았다. 임차인의 딱한 사정을 봐주지 않는 악덕 낙찰자가 될 생각은 없지만, 감정에 휘둘려 그에게 휘말릴 생각 또한 1도 없었고, 여전히 없다. 상호 합의 가능한 범

148

위 내에서 최선의 결과를 끌어낼 뿐. 숙고 후 언제든 연락하라고
했다.

다행히 임차인은 주택도시보증공사를 통해 전세 보증금 전액
을 보전받을 수 있었다. 나로서는 선액 다 받아 가는 세입지에게
위로금 차원의 이사비를 지급하지 않아도 되는 상황. 그런데도
새집과 같은 컨디션에 인테리어 비용이 거의 들지 않을 듯해, 그
에 대한 보답 차원에서 소정의 이사비를 지급하려 한 것. 딱 최소
한의 성의만 표하면 됐다. 임차인도 그 뜻을 잘 이해했는지, 집안
내부 곳곳의 사진을 내게 보내주고, 청소도 매우 깔끔하게 한 후
그 집을 떠났다. 텅 비워진 집을 사진으로 확인하고, 명도 확인서
와 인감증명서를 주택도시보증공사에 등기로 보냈다. 추후에 그
들은 전세 보증금 전액을 받게 될 테고.

결과적으로는 시기만 조금 늦춰졌을 뿐 매우 손쉽게 명도를
끝냈다. 심지어 낙찰받고 물건 내부에 들어가 보지도 않고 말이
다. 단 한 번도. 아이폰으로 시작해 아이폰으로 끝낸 명도였다.
그야말로 '비대면 명도'. 세입자를 단 한 번도 만나지 않은. 세상
참 좋다.

녹인의 notice!

1 제주도 물건은 효율적인 일정 계획 수립이 필수. 여러 번 오가기 힘드 니 비용 절감을 위해서라도 간 김에 할 수 있는 걸 다 하고 돌아오라.

2 대면 협상이 좋지만, 본인의 상황과 성향에 따라 '비대면 협상'도 가 능. 전화 통화만으로도 모든 걸 해결할 수 있긴 하다.

3 상대에게 휘둘리지 마라. 예비 소유자이자 명도의 주체는 나다. 이사 비를 줘도 내가 주는 거고, 금액도 내가 정하는 것이다. 이사비는 도 의적인 위로금일 뿐이다. 정 말이 안 통하는 임차인을 만났다면, 우리 에겐 최후의 수단 '강제집행'이 있단 걸 잊지 마라.

최고의 듀오,
모자지간 母子之間

　엄친아였다 난. 어릴 때부터 '엄마 친구들이 좋아해(?) 주시는 아이'였다. 어른이 된 후에도 어머니 친구분들은 내 방송을 보시며 "현동이가 옆 여자 아나운서보다 얼굴 더 작네." 하셨고, 최근까지도 어머니께 "현동이는 장가 안 가고 혼자 재미나게 사나봐!" 하신다고 한다. 재미나게. 그렇다. 재미가 있지만, 걱정이 없는 건 아니다. 뭐 어쨌든 어머니와 꽤 사이가 좋은 아들이다.

　분기에 한 번쯤 조우하는 엄마와 아들은 새벽까지 '근황 토크'하느라 침실 대신 거실 체류시간을 늘리곤 한다. 카카오톡으로는 수많은 이모티콘을 발사하고, 받는다. 나보다 한 수 위인 어머니의 이모티콘 수집 능력에 늘 감탄하곤 한다. 아들은 절대 유료 이모티콘 결제하지 않는 절약형 인간인 데 반해, 모친은 누구보다 빠르게 최신 아이템을 받아들이는 얼리 어답터이시다. 이런 환상의 케미를 자랑하기에 가능했던 것이리라. 다 큰 아들과 어머니, 단둘의 5박 6일 합숙(?)이.

2023년 2월 3일에 그들이 그 집에서 떠났다. 단 한 번도 만나지 않은, 비대면 명도 완료된 그 가족이 제주도 집에서 이사했다. 3일 후인 2월 6일에 이사비 150만 원을 송금했다. 30평이 넘는 아파트이니, 암묵적 시세(?)대로라면 300만 원 정도 지급하는 게 관례 아닌 관례이나 그건 어디까지나 '관례 아닌 관례'일 뿐. 연락이 꽤 늦게 닿은 점, 그 사이 월 150만 원 정도의 대출 이자를 이미 지급하고 있던 점을 사유로 들어 적정히 협상했고, 그 결과가 150만 원이었다. 그 집의 '과거'와 비대면 정산까지 끝내고, 어머니와 나는 제주로 이륙했다.

제주도는 서울과는 참 다르고, 또 흥미로운 곳이다. 제주 수협에서 대출을 실행했는데, 내륙의 금융기관과는 서비스의 차원이 달랐다. 부동산 잔금 납부 후 수령할 등기까지 수협에서 챙겨주겠다 했다. 우리와 함께한 지점장님의 파워(?) 덕분인지는 모르겠으나, 제주의 친절함에 감동했다. 물론 시간과 비용을 아끼게 된 현실적 메리트 덕에 더 감사했다. 이날이 바로 그날. 등기를 건네받는 날. 제주 공항에 착륙하자마자 수협으로 달려갔다.

"다음에 또 오시면 꼭 식사라도 같이해요. 두 분 정말 보기 좋네요."

야, 너두 경매 할 수 있어!

주차장까지 따라 나와 우리 모자를 배웅해 주는 지점장님께 또 한 번 감동했다. 보조석의 어머니는 미소 띤 얼굴로 따끈한 등기부등본을 꼭 쥐고 계셨고, 나는 티맵에 '법환포구'를 찍고 지점장님께 가볍게 손 흔들며 출발했다.

50여 분 제주를 종단하자, 저 멀리서 남쪽 바다가 우리를 반기기 시작했다. 저물어가는 해와 수평선이 맞닿던 그 광활한 광경이 아직도 아른거린다. 임장하러 홀로 왔던 그때의 그 풍광이 아니었다. 이제 제주도에 '세컨 하우스'를 갖게 된 심적인 풍요로움이랄까. 아무튼 그 오묘한 감정이 은은히 어머니와 내 입가에 미소로 번지고 있었다.

제주도 특유의 곧게 뻗은 야자수와 파도 소리를 들으며 주차 완료.

"엄마, 잠깐만!"

설렘 가득. 201호로 올라가 디지털 도어록의 삑삑 소리가 끝나는 순간, 아이폰 카메라를 꺼내 들었다. 역사적인 첫 입장. 마치 '선수 입장!'이라도 외쳐야 할 것 같은 그 순간. 돌이켜보면 조금 우습기도 했다. 뭐 늘 물건 내부까지 미리 보긴 힘들지만, 이곳 역시 겁도 없이(?) 심지어 전화로 명도 다하고, 이제야 첫 입성이라니. 3개월 만에 말이다. 짠! 개봉박두!

"와우!"

"좋네!"

심플했다. 우리 둘의 감탄사가. 그저 '새집'이었다. 집에서 강제로 쫓겨나야 하는 상황인데도(물론 전세 보증금 전액 보전받았지만) 냉장고 들어갈 자리 치수 문의에 줄자로 다 재가며 알려주기까지 했던 착한 세입자 가족은 먼지조차 남기지 않고 사라졌더라. 인테리어는 하나도 손댈 것이 없었으며, 청소도 다 되어 있었다. 그냥 오늘 당장 바로 입주가 가능한 집이었다. 정말 진심 가득 완전 매우 최고 very 좋았다. 거실 벽면에 연필로 그려져 있던 초등학생 자녀의 키 성장 연대기조차 귀여웠다. 모자母子는 거실 한가운데에 커다란 매트리스를 깔고 첫날밤을 숙면하며 보냈다. 그렇게 흥미롭게 설레는 5박 6일 제주 캠프가 시작됐다.

둘째 날 아침부터 수많은 알림이 아이폰을 때렸다. '배송 완료'의 향연. 쿠팡이 없는 삶은 이제 상상할 수조차 없다. 제주도 집에게, 누구든 자주 오라는 의미로 'Jejuwah'라는 다소 엘레강스하고 프랑스(?) 느낌 나는 이름을 붙여줬다. '제주와'는 쿠팡이 만든 집이라 해도 과하지 않다. 집에 들인 전자제품은 모두 삼성의 것이었지만, 삼성전자 아닌 쿠팡 전자나 다름없었다. 각 방 침대부터 식탁, 스툴, 러그, 가전제품까지 대부분을 쿠팡으로 들였다. 제주 또한 로켓배송이 가능하다니 가히 혁명적이었다. 다시 한번 쿠팡에 감사! 쿠팡에 없는 게 없지만, 간혹 실물을 봐야 하는 아이템들은 집에서 5분 거리인 이마트 서귀포점이 해결해줬다. 그러곤 길 건너에 있는 스타벅스에서 돌체라떼로 당 보충하며, 엄

154 　　　　　　　　　　　　　　　　　야, 너두 경매 할 수 있어!

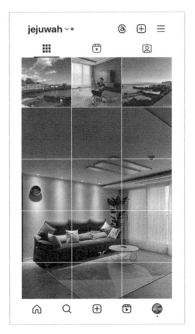

Jejuwah 리브애니웨어 광고   Jejuwah 인스타그램 홍보

마와 아들은 제주에서의 '미래 토크'에 들떴고, 귀갓길엔 그 옆 맥도날드에서 더블 불고기 비거와 빅맥을 포장해가곤 했다. 부동산 경매 시장에 뛰어들기 전 꿈꿨던 그 삶. 제주도 한 달살이의 로망을 이룰 수 있는 최적의 인프라와 생활 동선이었다.

  끊임없이 살림살이들이 도착했고, 우린 그걸 하나하나 계획대로 정리해 나갔다. 모든 건 다 계획대로 착착 진행됐다. 극 'J'답게 엄마와 나의 6일간의 윤택한 생활, 체력 안배, 공간 배치의 효율

등을 고려해 매일 오전 오후로 나눠 물품이 순차적으로 배송되게끔 주문했다. 그래서인지 그리 힘들지 않게, 즐겁게, 재미있게 하나하나 세팅하며 그 과정을 즐겼다. 그랬다. 아들은 다 계획이 있었다.

2월의 제주는 내륙의 강추위와는 달리 적당한 온습도를 뽐냈다. 오전 노동 후엔 어머니 맞춤형 코스로 카멜리아힐에서 동백꽃 포토타임을 보냈고, 건축학을 전공한 아들은 방주교회 앞에서 기도하는 포즈를 취하기도 했으며, 원앤온리 카페에서 바다를 바라보며 티타임을, 고집돌우럭에선 육지에서 먹기 힘든 우럭을 섭취하는 등 빡빡한 투어도 진행했다. 아들이야 원래 이길동 같은 삶을 살기에 그렇다 하지만, 아들 못지않은 강철 체력을 과시한 엄마를 보며 흠칫 놀라긴 했다. 모전자전母傳子傳.

6일 차에 모든 정리와 세팅을 마친 후, 예쁘게 공간 곳곳의 모습과 상세컷을 남긴 채 김포행 비행기에 올랐다. 5박 6일의 '모자 캠프 in 제주'는 그렇게 성황리에 성대하게 성료됐다. 부동산 경매라는 녀석에게 고맙기도 했다. 다 큰 이 아들과 어머니에게 평생 잊지 못할 남다른 의미의 추억을 선물해줘서. 이럴 땐 'T' 아니고 'F'가 되기도 한다. 경매도 냉철함 뒤에 따스함이 따르는 작업이겠지 싶다. 냉정과 열정 사이, 그 어딘가에 잘 자리하며.

1 이사비는 협상하기 나름이다. 서로 마음 상하지 않는 선에서 적정한 합의 금액을 찾아야 한다. 이사비는 도의적으로 지급하는 것이다. 감정에 휘말려 과하게 지급할 필요는 없다.

2 낙찰받은 물건 세팅의 베스트 파트너는 '쿠팡'이다. 그 이상의 업체, 플랫폼, 가게, 상점을 찾을 수 없다. 시간이 금인 부동산 투자자에게 신속, 정확하게 배송되는 '쿠팡'은 최고의 직원이 되어줄 것이다.

3 제주도나 미지의 그곳에 세컨 하우스를 갖는 꿈. 꿈으로 끝낼 일이 아니다. 분명히 기회는 열려있고, 그대에게도 온다. 내 것이다, 내 곳이다 싶다면 집요하게 입찰해 입수하길. 별장 하나 갖는 거, 그리 어렵지 않습니다.

30대 싱글남의 제주살이,
이십서십제!

오도이촌五都二村의 시대란다. 아, 시대라고 하기엔 과한가. 아무튼 일주일에 5일은 도시에서, 이틀은 시골에서 보내는 삶을 추구한단다. 적지 않은 요즘 사람들이(이럴 땐 요즘 것들이라고 해야 느낌이 더 살긴 하지만). 유행을 따르지 않는 나다. 왜냐고? 난 남을 좇지 않고, 리드하는 스타일이거든. 감히 '트렌드세터'를 지향해왔다. 그러니 '오도이촌'은 거부하겠다. 난 시골을 썩 좋아하지는 않기에. 대신 오랫동안 이십서십제(?)를 꿈꿨다. 한 달 중 20일은 서울에서, 열흘은 제주에서 사는 라이프를.

궁극적으로는 이러한 내 꿈이, 날 부동산 경매로 이끈 초대장이었던 셈이다. 난 기꺼이 그 초대에 응해 이 시장에 입장했다. 그러고는 놀랍게도, 감사하게도 그때의 꿈을 현재의 현실에 펼쳐냈

야, 너두 경매 할 수 있어!

다. 어머니와 더 돈독해지는 긍정적 효과도 더하며, 그렇게 제주도에 살어리랏다.

제주의 3월은 꽤 따뜻했고, 4월은 따사로웠으며, 5월은 마냥 좋았고, 6월엔 비가 많이 왔다. 7월에도 하늘은 툭하면 울었고, 우르르 쾅쾅 화도 많이 내더라. 8월의 제주는 서울보다 뜨거웠으며, 9월은 5월만큼이나 그저 좋았다. 이렇게 2023년은 정말로 한 달에 한 번씩 제주도민으로 변신했다. 육지 입찰일이나 강의가 잡힌 날을 피해 평일에 4일씩 체류하는 패턴으로 머물렀다. 10월 부터는 제주 라이프가 뚝 끊겼는데, 또 하나의 꿈(?)이었던 매장을 열게 된 덕분 혹은 때문이었다. 갑자기 무슨 매장이냐고? 스토리가 기니 찬찬히 뒷장에서 풀어보겠다.

서울을 굉장히 애정하는 내게 제주살이는 또 다른 나를 찾게 해줬다. 늘 뭔가 해야 했고, 없으면 뭐든 일을 만들었고, 돌아다녔고, 끊임없이 떠들고, 읽고, 쓰고 하던 나였다. 그렇게 다른 도시보다 빠르게 돌아가는 듯한 서울의 분침과 초침에 순응하며 살았다. 하나 제주는 완전히 달랐다. 아니, 뭐 시계가 필요 없을 정도였다. 그저 눈 감고, 공기를 맡으며 하루하루 뜨는 해를 만나고, 지는 해를 배웅하는 나날들. 굉장히 여유 넘치는 시간들. 번아웃에 빠져 허우적대던 나를 구출해준 건 그 누구도 아닌 그저 제주였다.

제주도민 여러분께서 보시기엔 귀엽겠지만, 조금 살다 보니 나름의 노하우도 얻게 되더라. 일단 팁 하나! 제주도에 갈 때는 화요일에 떠나시길. 돌아오는 날은 목요일이면 좋고요. 당연히 주말 항공권 가격은 비싸다. 상대적으로 화, 수, 목요일이 저렴하다. 나 또한 2박 일정으로 갈 때는 화요일 점심 즈음에 날아가 목요일 늦은 밤 비행기로 돌아오곤 한다.

여행을 간다면 렌터카를 이용하시겠지. 역시나 평일이 렌터카 가격도 저렴한 편이다. 집만큼이나 차도 좋아하는 난 버킷리스트에 있던 차들을 하나씩 빌려 타는 재미에 한동안 푹 빠졌던. 지프도 타보고, 캐딜락도 빌려보고, 현대의 전기차도 타봤다. 제주공항에서 제주지방법원까지는 15분 거리라 렌트해서 차 받고, 운전해서 가고 하는 시간보다 택시 타고 후다닥 이동하는 게 시간적, 비용적으로 유리하긴 하다. 그렇지만 제주 아닌가! 입찰하고, 임장하러 제주까지 가는데 조금의 낭만은 있어야지. 그러니 꼭, 평소에 만나기 힘든 차 빌려 타보는 재미를 만끽해보시길.

하지만 나처럼 제주도 주택을 낙찰받게 된다면, 그래서 나처럼 자주 제주도로 향하는 이가 된다면 그땐 더 빌리지 말고, 두는 게 나을 수도 있다. 집 주차장에 차를 말이다. 난 서울보다 제주에 더 어울리는 올드카 한 대를 제주도에 보내뒀다. 공항 주차장에 세워두면 주차요금이 어마어마할 테니 서치했다. 우리 부동산쟁이들은 손품에 특화돼 있으니 무료 주차장 찾아내는 것쯤이야. 제주도는 역시나 내륙 도시보다 공영주차장 운영이 너그러운 편. 물론 가장 넓은 제주종합경기장 주차장이 유료화되면서 조금은 아쉽게 됐지만, 그 주변에도 무료 주차장이 꽤 있다. 그곳의 그늘진 곳에 올드카를 잘 모셔둔다. 제주의 변화무쌍한 날씨에 비바람과 싸우고, 뜨거운 햇살에 일광욕도 하며 그 차는 한 달 정도 나를 기다려준다. 전보다 조금 고생한 듯한, 지저분해진 차를 만나면 애처로움과 반가움이 동시에 몰려오는데, 꾹 참고 시동 건다. 이렇게 가히 제주도민이 다 되어간다.

아, 지금 당장 떠나고 싶다. 그곳으로. 나의 제주로. 아, 여러분 혹시 제주 오시려거든 우리 집으로 오셔도 됩니다. 제가 머무르지 않을 때는 기꺼이 내어드릴게요. 에어비앤비 하거든요. 독자 여러분은 할인가로 모시겠습니다. 약속!

Jejuwah 예약 Go!

녹인의 notice!

1   제주도를 오가는 항공편은 화, 수, 목요일이 상대적으로 저렴한 편. 당
    연히 가급적 주말은 피하는 게 낫다. 여유롭게 평일에 가서서 더 여유
    로운 제주 만끽하시길.

2   제주도만의 감성을 놓치지 마라. 입찰하든 임장하든 들뜨는 마음 억
    지로 가라앉힐 필요 없다. 할 일은 하되, 신기한 차 렌트도 해보고 재
    미있게 제주를 즐기시길.

3   결론은 하나. 꼭 제주도 물건은 하나 낙찰받으시길. 삶이 달라집니다.
    일상 탈출 가능합니다. 누려보시길. 한 달에 한 번, 아니 일 년에 단 며
    칠이라도.

야, 너두 경매 할 수 있어!

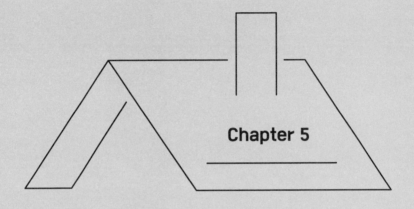

Chapter 5

24시간이 모자라죠:
집요

꽂혔으면 꽂아야죠 깃발!

　김포공항을 좋아한다. 자주 간다. 제주도에 가야하고, 부산 출장도 가야 해서. 자연스레 상대적으로 덜 발전된 김포공항 인근 지역에 관심을 두게 됐고. 하지만 공항 근처는 고도 제한 때문에 개발에 한계가 있다. 조금 범위를 넓혔다. 그러다 우연히 서해선이라는 새 전철 노선에 꽂혔다.

　경매인들의 성지라 불리는 인천과 부천. 둘 중 서울과 더 가까운 부천. 난 그런 부천을 '반 서울'이라 부른다. 직장이 여의도나 서울 서부권이라면, 어정쩡하게 서울 사는 거보다 부천에 거주하는 게 훨씬 낫다고 본다. 주거비 절감과 동시에 출퇴근 시간도 줄일 수 있을 테니. 꼭 '서울특별시민'으로 살아가야 하는 건 아니니까. 그런 부천과 김포공항을 관통하는 서해선. 내겐 최적의 라인이자, 최고로 매력적인 투자 포인트였다.

서해선은 심지어 호선 색상도 라임색이다. 나의 최애 컬러 '라임'. 묘하게 운명적으로 이 서해선에 더 빠져든다. 이렇게 또 의미부여해 본다. 서해선과 서울 지하철 7호선이 만나는 환승역인 '부천종합운동장역'이 우선 눈에 들어왔다. 하지만 그 역 인근에는 노후도 높은 주택이 그리 많지 않았고, 느낌적인 느낌으로 썩, 혹내게 밀려오는 그 뭔가가 없었다. 은근히 이 부동산 투자는 그 느낌이란 게 중요한데 말이다. 수치나 데이터보다도 더. 자연스레 라임색 노선 타고 공항 쪽으로 시선을 옮겼다. 아무래도 공항이랑 가까우면 더 좋을 테니.

바로 위에 '원종역'이 개통될 예정이란다. 그다음 역은 '김포공항역'이다. 5분이라는 꽤 긴 시간이 소요되지만, 역 하나면 도달한다. 서해선이 개통하면 김포공항역은 서울 5호선과 9호선, 김포골드라인, 공항철도에 서해선까지 무려 5개 노선이 겹치는 슈퍼환승역이 된다. 개통한 24년 현시점에서, 매우 매우 복잡한 역으로 이미 이름을 떨치고 있다. 그래서 찍었다. 콕! 김포공항역 바로 전역인, 원종역을.

부천을 그리 잘 알지도 못하면서. 하지만 뭐 차차 알아가면 되는 거니까. 인천지방법원은 자주 오갔지만, 부천지원은 가본 적도 없었다. 하지만 뭐 역시 가보면 되는 거니까. 마포 집에서 오가기에도 인천보다 부천이 가까워 더 좋고. 그렇게 부천에 정을 붙

야, 너두 경매 할 수 있어!

여야 했다. 원종역을 나의 '베이스캠프'로 삼기 위해.

원종역 인근에는 낡은 주택들이 넘쳐났다. 딱 내 스타일이었다. 모조리 다 허물고, 새 아파트로 싹 올리면 좋겠다는 바람. 다소 과격⁽?⁾하지만, 원주민에게도 득이 되는 그런 재개발을 하기에 딱 좋을 곳이더라. 이미 여기저기 가로주택정비사업을 추진 중인 곳도 꽤 있었다. 네이버 지도를 펼치고, 원종역 반경 물건을 샅샅이 파헤치기 시작했다. 그중 하나가 내 레이더에 딱 걸렸다.

2022 타경 42516. 원종역에서 도보 10분 거리에 있는 저층 아파트. 내가 특히 선호하는 80년대 스타일의 5층짜리 아파트. 딱이었다. 이건 무조건 내 걸로 만들어야 했다. 심지어 이미 가로주택정비사업이 꽤 추진된 구역 내에 있는 물건. 그랬다. 이건 무조건 내가 가져와야 했다.

현장에 가서 보니 더더욱 마음에 들더라. 대지권도 넓은 편이고. 인근 빌라들과 묶어 아파트가 지어질 예정이랬다. 건물 면적이 $40.92\,m^2$인데, 대지권이 $38.84\,m^2$라니. 이래서 난 저층 아파트를 선호한다. 전체 세대수가 적으니, 한 세대당 대지면적이 크다. 추후 재개발 혹은 재건축 시 그만큼 다른 주택에 비해 큰 평수를 배정받게 될 테고. 이런 여러 가지 조건이, 그냥 이 물건은 딱 내 물건이라고 날 압박⁽?⁾하고 있었다.

감정가는 1억 7천 7백만 원. 토지 감정가가 1억 4천 1백 60만 원. 건물 가액은 겨우 3천 5백 4십만 원이었다. 그만큼 노후화된

아파트. 신건에서 1회 유찰돼 2023년 5월 23일이 2차 기일이었다. 경기도이니 최저가는 30% 떨어진 1억 2천 3백 9십만 원. 당시 인근 빌라, 아파트 등의 낙찰가율은 84%를 오르락내리락하고 있었다. 금액으로 보면 1억 4천 8백만 원 정도였다. 1억 5천만 원은 써내야 경쟁력이 있을 듯. 하나 난 찍은 물건은 꼭 가져와야 하는 인간이라 질러야 했다. 입찰가 '앞자리 바꾸기' 특기를 뽐내야 할 때였다.

1억 5천이 아닌 1억 6천을 썼다. 1억 6천만 원에 내 시그니처 금액인 '11,000원'을 붙여 160,011,000원을 써냈다. 감정가의 90%였다. 그때 시장 분위기로는 90%까지 써내는 건 좀 세게 부르는 느낌이라 해볼 만하다고 느꼈다. 이랬는데 1억 6천 5백이 들어오면, 깨끗하게 포기하는 거고. 내 게 아니면 아닌 거다.

5월 23일. 드디어 입찰일. 역시나 법원은 북적북적댔다. 이러면 대개 이런 생각을 하게 된다.

'아, 다 내 물건 들어오는 거 아냐? 입찰가 더 올려 쓸까?'

No! 절대 No! 입찰가는 고치는 거 아니다, 라고 '녹인'이 얘기하더라. 그렇다. 입찰가는 전날 저녁에 쓴 금액 그대로 간다. 스테플러로 이미 다 봉인하고 출발하니, 절대 그 봉투를 뜯지 않는다. 난 늘 나의 감을 믿는다. 아니 근데 뭔 물건이 이렇게 많은지, 내 물건은 개찰할 생각을 안 하네.

이날은 부천 중심부의 대형 오피스텔 몇 건에 많은 이들이 몰렸다. 부천 중동의 50평형대 아파텔에 실거주 목적의 어르신들이 꽤 많이 입찰한 것. 그런 물건 몇 개에 스무 명 이상씩 입찰했고, 하나하나 개찰할 때마다 우르르 사람들이 퇴장하더라. 결국 열기를 좀 식힌 채 남은 물건들을 하나씩 개찰하는데 내 물건은 대체 언제 하려는 건지. 기다리고, 또 기다렸다.

"2022 타경 42516. 오정동 부촌 아파트는 총 4분이 입찰하셨습니다."

으응? 네? 4명이라고요? 그랬다. 난 14명을 예상했건만 실제로는 겨우 4명만 입찰한 것. 살짝 멘탈이 흔들렸지만, 그렇다고 뭐별수 있나.

"두 번째로 높은 금액을 쓰신 분은 인천에서 오신 ○○ 씨로 1억 3천 6백…."

으응? 네? 1억 3천이라고요? OMG! 좋았지만, 좋지 않았다.

"본 물건은 1억 6천 1만 1천 원을 쓰신 서울에서 온 이현동 씨…."

그랬다. 차순위와 2,400만 원 정도 차이로 낙찰. 이겼지만, 이긴 것 같지 않은. 낙찰했지만, 패찰한 것 같은. 뭐 그런 복잡 오묘한 결과였다. 그래도 입수했으니 됐다. 추후 이 물건이 아파트로 변신해 얻을 수익을 떠올려보면 2천 4백쯤이야. 꽂혔던 물건에 이렇게 꽂긴 했다, 깃발.

녹인의 notice!

1 꽂힌 물건은 꼭 내 걸로 만들자. 조금 지르더라도 추후 이익이 더 크게 돌아올 테니.

2 살기에는 고층 아파트가, 사기에는 저층 아파트가 낫다. 대지권에 주목하라. 대지권이 커야 추후 재건축 시 큰 평수의 아파트를 받게 된다. 투자는 꼬마 아파트에 하라.

3 재건축 가능 아파트에 투자할 경우, 낙찰 후 조합원 지위를 승계받을 수 있는 물건인지 사전에 체크하라. 꼭! 조합원 지위 승계가 안 되는 물건이라면, 현금 청산으로 'Unhappy ending'의 주인공이 될 수 있다.

야, 너두 경매 할 수 있어!

5천만 원이
1억 6백만 원으로 둔갑,
대출 마법사 MCI!

좀 써서⑦ 꽂은 깃발이지만, 꽂았으니 됐다. 패찰보다는 '고가 낙찰'이 낫지 않겠나. 난 그렇게 생각한다. 길게 봐야지. 당장 조금 비싸게 사더라도, 길게 보면 수익은 온전히 낙찰자만의 몫일 테니. 그래도 며칠 속이 쓰리긴 했다. 하하.

한남 5구역 아니고, 성수 전략정비구역도 아니다. 심지어 서울도 아니다. 그나마 서서울에서 가까운, 김포공항에서 가까운, 서울 바로 옆에 붙은 부천시. 그래도 재건축 사업에 첫발을 들인 느낌이랄까. 드디어 나도 진정한⑦ 부동산 투자자 반열에 오른 듯한 느낌에 술 마시지 않고도, 매일 취했다. 늘 상기돼 있었다.

이제 자기 자본 비율을 최대한 낮춰야 할 차례. 경락잔금대출 금액을 최대한 당겨야 했다. 난 금리보다 대출 금액을 더 중시한다. 1억 5천만 원을 5%에 빌리는 것보다 2억 원을 6%에 대출하는 걸 선호한다. 요즘 같은 고금리 시대에는 금리 1%P 차이가 실제로 이자 금액의 큰 차이를 초래한다. 그래도 내 돈을 최소한으로 묶어두는 게 중요하다. 이자야 열심히 일해서 근로소득으로 메우듯 내면 된다. 동시에 덜 묶인 금액으로 다른 물건에 재투자한다. 그렇게 씨 뿌리듯 투자하는 스타일이다. 물론, 이건 각자 투자관의 차이가 있으리라. 양쪽을 다 아우르는 전제 조건은 하나다. 매월 납부할 대출 이자를 감당할 수 있는 범위 내에서, 최대한의 금액을 끌어내는 것.

이 물건은 조금 독특했다. 가로주택정비사업 구역 내 물건이다 보니 아파트여도 대출이 쉽지 않았다. 정확히 말하면 대출 조건이 썩 만족스럽지 않았다. 추후 멸실될 아파트이니 이 물건을 담보로 대출을 해줄 리 만무. 게다가 이때 난 줍줍으로 무려 343 대 1의 경쟁률을 뚫어버린(?) 대장동 SK 뷰 테라스 중도금 대출 때문에, DSR 상황이 여유롭지 않기도 했다. '고가 낙찰'이니 대출이라도 많이 받아야 하는데 말이다. 잘못하다간 꽤 장기간 예상치 못한 큰 금액이 여기에 묶일지 모를 난감한 상황이었다.

"사장님, 대출돼요. 1억 6백까지 가능해요!"

법원에서 만나는 수많은 대출 상담사님들 중에 운명적으로(?) 직감이 오는 분이 있다. 이 물건 때도 낙찰 후 나오는 길에 무수히 많은 명함을 받았는데, 그 중 딱 한 분의 얼굴만 뚫어져라 봤더랬지. 그 송○○ 실장님의 전화였다. 나의 구원자.

DSR 때문에 내 명의로는 대출 금액이 매입가의 반도 나오지 않았다. 1억 6천짜리 물건에 내 돈 1억을 고스란히 넣어두는 일은 있을 수 없다. 절대로. 내 투자 스타일상. 신탁 대출을 하면 약 1억 원을 받을 수 있었다. 하지만 싫었다. 그 신탁이라는 게. 이 물건은 훗날 재건축되어 새 아파트가 될 텐데. 아 물론 그때 가서 명의야 변경하면 된다지만, 사업이 진행되는 과정에서 조합원의 역할을 해야 하는데 내 명의를 신탁한다는 게 싫었다. 괜히 매사 복잡해질 테니. 그래서 신탁 대출은 절대, 이 물건에서는 실행할 수 없었다. 그러던 차에 늘 말로만 듣던 용어들이 떠올랐다.

MCI : Mortgage Credit Insurance

MCI와 MCG라는 용어는 익히 들어왔지만, 실제로 이걸 활용한 적은 없었다. 이전까지는 늘 대출 금액은 넉넉했고, 금리도 만족스러웠기에. 잊고 있던 이 용어를 상기시켜준 이도 송○○ 실장님이었다. 본 물건에 MCI를 설정하면, 내 명의로 1억 6백만 원까지 대출이 가능하다고 했다.

감정가 177,000,000원인 본 물건에 기본 근저당 설정 금액은 81,200,000원이었다. 겨우 LTV 45.875%였다. 여기에 MCI라는 마법을 부렸더니, 서울보증보험 덕에 24,800,000원이 추가돼 합

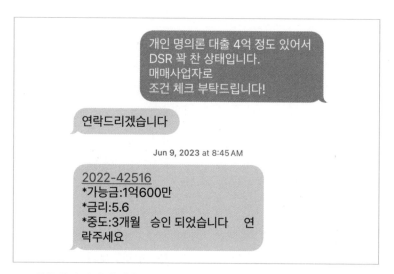

May 30, 2023 at 1:18 PM

매각허가 결정일 입니다 22
[Web발신]
매각허가 결정일
입니다
22-42516
경락잔금대출
금액10800만
금리3.9%~
(중소기업이하 근로자는 3.5%~)
(중도3개월~6개월
금리6.2%~)

이경옥

MCI 활용 전 대출 조건

개인 명의론 대출 4억 정도 있어서
DSR 꽉 찬 상태입니다.
매매사업자로
조건 체크 부탁드립니다!

연락드리겠습니다

Jun 9, 2023 at 8:45 AM

2022-42516
*가능금:1억600만
*금리:5.6
*중도:3개월   승인 되었습니다   연
락주세요

MCI 활용 후 승인된 새 대출 조건

산 설정 금액이 106,000,000원이 됐다. 이 총액을 감정가로 나누면, 59.88%. 45.875%였던 LTV가 59.88%까지 오른 것. 그 결과 감정가의 60%와 낙찰가의 80% 중 적은 금액인 106,000,000원이 대출 금액으로 확정됐다.

MCI를 활용했더니 대출 가능 금액이 약 5천만 원이나 증액된 것. 물론 대출 이자가 월 10만 원 정도 증가하지만, 그 정도는 내 노동력으로 상쇄할 수 있다. 열일해야지. 이렇게 내 명의도 지키고, 대출 금액도 최대치로 뽑아냈다. 심지어 이 MCI는 동 기간에 1인 2회까지 이용 가능하니, 잊지 말고 꼭 활용해보시길. 누구나 MCI 덕에 대출 마법사가 될 수 있답니다.

1 경락잔금대출은 대출 금액 vs 월 납입 이자액 싸움. 본인의 투자관에 따라 잘 판단해 선택하시길. 자기 자본 비율을 낮추고, 잉여 자금으로 재투자하려면 대출 금액을 최대치로 받는 게 좋다.

2 재건축 등 긴 호흡으로 가져갈 물건이라면, 대출 명의가 중요하다. 조합원 지위를 유지하고, 역할을 해내려면 신탁 대출보다는 본인 개인 명의로 대출받는 게 깔끔하다.

3 대출 마법사 MCI! 경매인의 좋은 친구. 하나 쓰고, 한 번 더 활용할 수 있으니 기회 놓치지 말고 꼭 마법사 되시길!

OMG!
조합원 지위 승계가 안 된다고요?

MCI 마법사가 된 이후 난 거침없었다.

"아니, 부동산 경매가 이렇게 쉬운 거였다니!"

입 밖으로 내뱉진 않았지만, 1분 1초 매 순간 혼잣말로 중얼중얼할 정도로 UP 돼 있던 날들. 자신감과 자만감의 경계를 위태롭게 오르락내리락하던 때. 마냥 좋았다. 2~3년 후엔 새 아파트의 주인이 될 거란 상상에 2시, 10시 방향으로 격하게 올라간 입꼬리가 내려갈 틈이 없었다. 모든 게 순탄하니 정말 뭐 거침없었다.

여유 넘치게 다음 사냥감 검색을 이어가던 어느 평온한 오후. 펑! 폭탄이 터졌다. 일상이 '쾅'하고 멈춘 듯한 그 순간을 아직 잊지 못한다. 여전히 아찔하다.

"뭐지? 아, 뭐지 이거?"

그랬다. 공허한 외침이 내 방을 무겁고, 어둡게 꽉 채웠다. 그랬다.

"조합원 지위 승계가 안 된다고? 뭔 소리야? 왜?"

그랬다. 이상한(?) 기사 하나를 봤다. '물딱지'라는 듣도 보도 못한 용어가 등장했다. 일반적으로 임의경매는 돈을 빌려준 채권자인 은행, 금고 등의 금융기관이 이자나 원금을 못 갚고 있는 채무자를 상대로 신청해 진행된다. 내가 받은 이번 물건도 당연히, 뭐 아무런 의심 없이 당연히 그런 물건이라 생각했고, 입찰했고, 낙찰받은 것. 그런데 기사를 읽다 움찔했다. 그렇다. 슬픈 예감은 참 틀리지 않는다. 그랬다. 내가 받은 이 아파트가, 재건축되어 새 아파트 될 이 아파트가, 어쩌면 그 '물딱지'일수도 있다는 충격적인 내용 발견.

급히 매각물건명세서를 다시 펼쳤다. 중요한 그 항목을 살폈다. 허허. 이런. 어쩐다.

채권자 : 한국홀딩스대부(주)

'주식회사'가 붙어있지만, 대부업체. 그렇다. 금융기관이 아니다. 그럴듯해 보이지만, 합법적 업체지만, 어쨌든 사기업인 대부업체. 사적 채무로 인한 경매 물건의 낙찰자는 조합원 지위가 승계되지 않아 분양권을 받지 못한다. 또 대부업체에 빌린 돈이 연체

되어 경매로 나온 물건도 조합원 지위 승계가 되지 않는다. 대부업체는 금융기관에 속하지 않기 때문이다. 라고 기사는 서술하고 있었다. OMG!

난생 느껴보지 못한 스트레스가 그날부터 미친 듯이 몰려왔다. 바닥까지 떨어진다는 게 이런 느낌일까 싶을 정도였다. 2~3년 후 새 아파트를 받을 생각에 매일 춤추고, 흥에 겨웠는데 그 모든 게 박살 나버렸다. 누구를 탓할 수도 없었다. 내가 찾아서, 내가 입찰했고, 내가 받은 물건이니까. 어떻게 해야 하나 그저 막막할 따름이었다. 아, 물론 현금 청산하면 되지만, 오히려 손해 볼지도 모르는 그런 방식으로 '강제 EXIT' 할 거라면 애초에 입찰하지 않았어야 한다. 순간 입찰일이 떠올랐다. 다른 투자자들은 이 내막을 알았나? 그래서 나 포함 단 4명만 입찰했나? 심지어 그 와중에 난 비교적 '고가 입찰'해, 아주 여유롭게(?) '고가 낙찰' 한 것이고.

MCI 써가며, 최적의 조건으로 대출도 실행했는데 이거 참. 법무사 사무장과 통화해 법무 비용을 4만 원 절삭해도 기분이 썩 좋지 않았다. 소유자이자 채무자에게 보낸 내용증명이 반송돼 그걸 직접 들고 가 대문에 붙이면서도 기분이 썩 좋지 않았다. 대출을 실행하고, 자서하는 날에도 기분이 썩 좋지 않았다. 다 필요 없고, '조합원 지위 승계' 오로지 이것만이 나의 유일한 과제이자 의무(?)였다. 어렵게 알아낸 조합장 전화번호로 전화 걸기 전에도 여러 시나리오를 떠올렸다. 어떻게 말해야, 안 될 조합원 지위 유지도 되게 할 수 있을까 고민하고 또 고민했다. 말투와 어휘까지 예쁘고, 부드럽게, 최대한 공손하게 말하려고 준비하고 또 준비했다.

"허○○ 조합장님이신가요? 경매로 낙찰받은 사람인데 조합원 지위 승계하려고 연락드렸습니다."

조합원 지위 승계 '가능 여부'를 묻지 않고, 바로 '승계 방법'을 문의했다. 이 또한 오로지 내가 원하는 유일한 결과, '조합원 지위 승계'를 위한 강력한 압박(?)이었다. 정말 다 필요 없고, '승계'만 하면 됐다. 그게 안 되면 정말 미칠 것 같았다.

"아, 혹시 거기 504호 조○○ 씨 집인가요? 낙찰자 본인이시고요?"

"네네, 그 물건이고요. 낙찰자 이현동 본인입니다."

스산한 긴장감이 흐르는 대화의 연속. 긴장 잘 안 하는 나인데도, 정말 조마조마했다. 조합장의 다음 멘트가 내 운명을 결정할 테니.

"제가 좀 바빠서요. 목요일쯤 오실래요? 조합원 사무실 위치는 아시죠?"

으응? 그냥 오라고? 이렇게 쉽게? 레알?

"네네, 목요일 가능합니다. 서류 뭐 뭐 챙겨가면 될까요?"

무조건 되지. 지금 뛰어오라 해도 뛰어가려 했다.

"낙찰자 본인 신분증만 가지고 오시면 됩니다. 제가 없으면 우

녹인 TV '[LIVE] 재개발 조합원 지위 승계 현장'

리 직원이 도와줄 거예요."

"네네, 조합장님 정말 감사합니다!"

으응? 딸랑 신분증 하나 들고 오라고? 낙찰 영수증이나 뭐 그런 서류는 필요 없고? 이렇게 쉽다고? 아니, 지위 승계가 될까 안 될까를 걱정했는데, 그냥 이렇게 운전면허증 들고 가면 내가 조합원이 된다고? 나 조합에 끼워준다고?

실제로 그랬다. 약속한 그날에 '바쁘신' 조합장님은 얼굴도 못 보고, 친절한 직원 아저씨의 도움으로 따뜻한 분위기 속에서 조합원 지위를 고스란히 물려받았다. 정말 '운전면허증' 달랑 하나 들고, 내 얼굴 맞나 보고 끝. 조합장과 조합원 다수의 동의를 얻으면 추후에라도 조합원 지위를 얻을 수 있다는 예외 조항이, 조합에 따라 있기도 하다고 했다. 난 운 좋게도 다른 조합원들이 동의하기는커녕 내가 이 조합의 막내(?)가 된 줄도 모를 듯. 어쨌든 그렇게 너무나 쉽게, 초스피드로, 간단하게 내 걱정은 사그라들었다. 그렇게 다시 내 재건축 아파트 프로젝트는 좌초되지 않고, 바람을 잘 만나 순항을 이어갔다. 휴우.

녹인의 notice!

1 조합원 지위 승계 가능 여부를 사전에 꼭 확인하라! 개인 간 채무나, 대부업체가 채권자인 경매 사건은 원칙적으로 조합원 지위 승계가 불가능하다.

2 조합에 따라, 정관에 명시되어 있는 경우 조합원 다수의 동의를 얻어 사업 시작 후에도 조합원 지위 승계가 가능하다. 다만 조합에 따라 절차나 실제 승계 가능 여부가 상이할 테니, 꼭 매매 전에 면밀히 체크하길.

3 안 되면 되게 하라! 본 건에서 난 운 좋게, 큰 노력 들이지 않고 조합원 지위 승계에 성공했다. 행여나 조합장이 안 된다고 했다면, 다른 조합원들을 모조리 만나서라도 지위 승계받도록 조치를 취했을 듯. 안 되는 건 없다. 안 하는 것일 뿐!

야, 너두 경매 할 수 있어!

엄마는 암 투병 중,
딸은 연락 두절

됐다. 다 됐다. 조합원 지위 승계했으니 다 됐다. 지상 최대 과제였던 이걸 이뤘으니, 더할 나위 없이 기쁘고, 기뻤다. 며칠 전까지만 해도 정말 죽을상이었던 얼굴이 보톡스 없이 팽팽하게, 밝게, 자신 있게 활짝 펴졌다. 대출도 잘 받았겠다. 이제는 채무자이자 현 거주자인 조○○네 가족만 무사히 잘 내보내면(?) 될 일이었다.

진작 보낸 내용증명은 역시나 이번에도 반송되어 돌아온 상태. 그걸 들고 현장으로 출동했다. 언제나 '친절한 현동 씨'는 이번에도 내용증명 직배송 서비스를 가동했다. 대문에다 떡하니 붙였다. 묘하게 사람을 끄는 매력 혹은 마력이 있는 나인지, 현장에 가면 꼭 옆집 아주머니를 만나게 된다. 이 물건 역시 504호 사람들은 단 한 번도 못 만나고, 늘 503호 어머님만 날 반겨주셨다.

"여기 가족 거주하는 거 맞죠?"

"네. 모녀가 사이좋아요. 아마 저녁 늦게 들어올 거예요. 일 많이 하는 거 같던데."

임장 땐 이렇게 '현장 토크'가 더해져야 한다. 서류상에 드러나 있는, 누구에게나 공평히 공개된 정보는 큰 의미가 없다. 나만 알아낼 수 있는 그런 정보가 알짜 정보 아니겠는가. 계단을 오르내리다 스치는 인물도 인연으로 이어내는 친화력이 필요한 업계가 이곳, 부동산 경매 혹은 투자 업계다.

"혹시나 조○○ 씨 보시면, 저한테 꼭 전화 좀 하라고 전해주세요. 도와드리려 한다고요."

"네. 아 근데 혹시 결혼하셨어요?"

집 안에서 따님이 빼꼼히 얼굴 반쪽을 노출한다. 종종 있는 일. 비호감보다는 호감이 나으니. 이렇게 이웃을 내 편으로 만들어 놓으면, 뭐 나중에 도움 될 수도 있으니. 비교적 괜찮은 첫인상을 남기게 낳아주신 나의 부모님께 늘 감사하다.

오, 역시 이번에도 효과가 있었다. 그 어머님께서 귀가하던 조○○를 기다려 말씀 전하신 건지는 모르겠으나 그다음 날 곧바로 전화벨이 울렸다. 모르는 번호였다. 직감적으로 조○○임을 느꼈다.

"안녕하세요. 연락이 많이 늦어져서 죄송해요."

야, 너두 경매 할 수 있어!

나보다 4살 어린 여성이라는 정보는 등기부등본으로 파악한 상태였다. 명도 협상 분위기도 머릿속에 그리고 있었고. 드디어 그날이 왔다. 전화 통화 4일 후, 아파트 인근 카페에서 그를 만났다.

"어머니는 암에 걸리셔서 병원에 계세요."

"아 네…."

"…"

침묵 대신 눈물이 흘렀다. 예상치 못한 전개에 적잖이 당황했다. 후다닥 뛰어가 티슈를 뭉텅이로 뽑아왔다. 조○○에게 건넸다. 하마터면 직접 눈물을 닦아줄 뻔했다. 늘 지나치게 이성적으로 임하던 명도 협상장에 감정의 소용돌이가 몰아치고 있었다. 그래도 들이밀 건 들이밀어야 했다. 합의서를 준비해 갔다. 하나 이날은 차마 꺼내지 못했다. 그랬다. 그래도 할 말은 해야겠지.

"저희도 대출을 받아서요. 매달 이자로 50만 원 정도를 이미 납부하고 있습니다. 이사할 집 구하시기 전까지 더 계시는 건 협조 가능하고요. 대신 최소한의 월 임차료는 내주셔야 합니다."

"아, 네…. 다음 달부터 월급 들어올 거 같은데, 그때부터 드려도 될까요?"

입 한 번 앙다물었다가 말을 이어갔다.

"네. 괜찮습니다. 어머니도 얼른 쾌차하시길 기원하겠습니다."

"네, 감사합니다. 사장님."

이내 또 눈물이 뚝뚝. 그렇게 1차 협상 종료. 이후 시간은 흐르고 흘렀다. 뜨겁던 여름이 가고, 소리 없이 가을이 왔으며, 땀 닦던 손수건은 고이 접어 넣고, 카디건을 꺼내 입었다. 그의 월급 은 들어갔겠지만, 월 임대료는 들어오지 않았다. 모친의 병세가 많이 악화했나, 진짜 힘든가, 설마 나쁜 마음을 먹지는 않았겠지, 하며 별의별 생각을 다 했다. 가히 '스톡홀름 증후군'이 온 듯한. 아니, 나나 조○○이나 서로 가해자, 피해자 뭐 그런 사이도 아니 고 그런데도 막 그런 묘한 느낌이 들었다.

이제 조합에서도 내게 메시지가 날아들기 시작했다. 이 물건 은 아파트를 부수고, 재건축해야 하니 얼른 거주민이 이주하고, 철거해야 했다. 마냥 기다릴 수 없는 게지. 조○○을 만나고 한 달 이 흐른 8월 11일에 조합에서 보낸 '이주 안내 등기'를 수령했다. 10월 초까지 이주를 완료해야 했다. 이후에도 여러 번 조○○에 게 월 임대료 송금 요청 메시지를 보냈으나 답장이 없었다. 뭔가 좀 이상했다. 전화를 걸었다.

"죄송합니다. 본 회선은 수신자의 사정에 의해 당분간 착신이 정지되었습니다."

OMG. 큰일 났다. 휴대전화 요금조차 내기 힘든 상황인 듯했 다. 이 지경이 되니 월 임대료는커녕, 제발 무사히 퇴거만 해주십 사 싶었다. 조합원 지위 승계받던 때 이후 또 한 번의 위기와 시 련이 찾아왔다.

서서히 조○○이 걱정되기 시작했다. 행여나 나쁜 마음먹은

게 아닌가 싶었다. 적은 아니지만, 그렇다고 동지도 아닌 그런 관계인데 이제 내가 그의 안위를 걱정하고 있는 이 상황이 참 흥미로웠다. 실소가 새어 나오기도 했고.

대면 협상 이후 2개월이 흘렀고, 결국 또 대문 앞에 뭔가를 부착해야 했다. 이번엔 '경고장'이었다. 조합 측에서 정한 이주 기한은 다가오는데 만약 조○○이 집을 비우지 않는다면 조합 전체에 피해를 줄 수도 있는 상황. 조합장도 매일 내게 전화해 조○○와 연락 닿느냐, 언제 이주 마칠 예정이냐를 가히 독촉하고 있었다. 그러면서 투병 중인 조○○ 어머니의 전화번호까지 내게 알려줬다.

"아 진짜 재건축 못 해 먹겠네!"

매일 이 말을 입 앞에 붙이고 지냈다. 그러던 어느 날, 9월의 끝자락. 계좌에 60만 원이 입금됐다. 보낸 이는 누군지 모르는 이름. 그로부터 열흘 후 모르는 번호로 전화가 걸려왔다. 다시 한번 직감 발동. 이 전화는 받아야 했다.

"조○○ 엄마입니다."

"네?"

아니, 세브란스 병원에서 암 투병 중이랬는데. 매일 항암 치료하는 엄마 얼굴 잘 못 본다고 조○○이 그랬는데. 그런데 그 어머니라고? 심지어 이렇게 목소리가 쌩쌩하다고?

"어, 건강은 좀 괜찮아지신 건가요? 편찮으시다고 들었거든요."

"네, 이제 괜찮습니다."

경 고 장

발신인 이현동
    서울특별시 마포구

수신인 조
    경기도 부천시 성오로117번길 58 부촌아파트 가동 5층 504호

[부동산의 표시] 경기도 부천시 성오로117번길 58 부촌아파트 가동 5층 504호

제목 : 월 임차료 미지급과 연락 두절에 따른 내용 증명 및 추후 강제 개문 절차 진행 예정 통지

1. 귀하의 발전을 기원합니다. 발신인은 수신인에 대한 최후의 경고장을 본 부동산에 부착해 고지합니다.

2. 발신인과 수신인은 2023년 7월 7일 부천 모처에서 만나 대면 협상 후 수신인이 발신인에게 월 임차료 30만 원을 8월분부터 지급하기로 합의하였습니다. 그럼에도 2023년 9월 현재, 2기분에 달하는 임차료가 미지급된 상황입니다.

3. 수신인은 발신인의 문자메시지에 수 차례 회신하지 않았고, 현재는 알 수 없는 사유로 휴대전화 회선이 정지되어 더 이상 연락이 닿지 않고 있습니다.

4. 발신인은 이미 본 부동산의 소유권을 획득한 상태이므로, 언제든 합법적 강제 개문이 가능합니다. 수신인은 현재 본 부동산에 무단으로 불법 점유 중입니다.

5. 본 부동산 점유자는 2023년 10월 10일까지 재개발을 위한 집단 이주를 마쳐야 합니다. 이에 2023년 9월 21일(목)을 이주를 위한 최후의 기한으로 설정, 고지합니다. 발신인 이현동의 연락처를 남깁니다. 조속히 내부 짐 반출 후 발신인에게 연락해주시기 바랍니다. (010-2823-5136)

6. 제시한 9월 21일까지 공가 처리가 완료되지 않을 경우, 다음 날인 9월 22일(금)에 즉시 강제 개문 후 내부의 모든 짐을 반출하겠습니다. 본 집행 절차에 드는 모든 비용(노무비, 창고보관료 등 포함)은 귀하께 민사 소 제기해 청구하게 됩니다.

7. 본 부동산이 경매 진행되어 매각되는 과정에서 귀하의 마음이 좋지 않으시리라 생각합니다. 발신인도 이 점에 대해 진심으로 안타깝게 생각해 그간 수신인의 의견을 적극적으로 청취하고, 존중했습니다. 그럼에도 수신인은 합의 사항을 전혀 이행하지 않았고, 상호 신의를 위반했습니다. 현시점에서 발신인 또한 더 이상 귀하께 협조할 의사가 없음을 밝히며, 추후 진행될 전 과정이 원만히 잘 마무리되길 바랍니다. 감사합니다.

2023.09.19.

경고장

이제 괜찮다니 이건 또 무슨 소리인가. 혼란스러웠다.

"다음 주까지 집 정리해야 한다고 들었어요. 토요일까지 이사하겠습니다."

이주 기한은 금요일까지였으나, 하루 늦더라도 나가주신다니 그저 감사할 따름이었다. 며칠 후 현장에서 조합장을 만났다.

"하루 늦긴 하지만 토요일까지는 이주 마무리하겠습니다. 죄송해요."

"아니에요. 저희한테도 연락 왔어요. 괜찮습니다. 근데 그거 아세요?"

"네? 뭐요?"

"아니, 그 조○○ 씨 코인 했어요. 그래서 집이랑 싹 다 날린 거예요."

"네?"

녹인의 notice!

1 명도 협상 때 꼭 합의서를 준비하라! 이사 전까지 대출 이자 보전을 위해 적은 금액이라도 월 임대료를 받아야 한다. 금액을 명시하고, 이사 기한을 정한 합의서에 꼭 서명받아야 한다. 법적인 효력이 없더라도, 심리적 압박을 위해 꼭 받아내야 한다.

2 명도 대상자에게 최대한 호의를 베풀자. 강제집행 하지 않고, 무사히 물건에 큰 해 끼치지 않고 나가주는 게 우리에게도 최선이다. 강제집행에 들이는 시간과 비용 대신 이사비를 지급하는 것. 마냥 잘해주지는 못해도, 그들의 처지를 이해하고, 도와주자.

3 상대의 말을 다 믿지는 말라. 그들 또한 최대한 자신에게 득이 되는 결과를 원한다. 무리한 요구도 할 테고. 사실이 아닌 이야기로 우리의 동정심을 유발하기도 한다. 늘 감정 절제하고, 이성을 붙잡아라.

2년 후 입주,
천지개벽

　사람 참 알 수 없다. 타인에 대한 기대치가 '1'도 없는 나. 역시 인간은 쉽게 믿어서는 안 된다는 걸 일깨워준 사람, 조○○. 아, 물론 그가 어떻게 채무를 지게 됐는지, 어쩌다 집이 경매에 넘어간 건지 그 사유가 중요하지는 않다. 전혀. 나야 뭐 감사하게도 낙찰 후 그녀의 조합원 지위를 잘 이어받았으니 아무런 문제가 없다. 오히려 내게는 은인 같은 존재, 조○○. 그런데도 함께 눈물 쏟을 뻔할 정도로 동화돼 짧게나마 슬픔을 반으로 나눴고, 후에도 모녀를 걱정까지 했던 터라 조금은 허한 게 사실. 모쪼록 다행히도 건강하신 듯한 어머니와 딸이 새 보금자리에서 새롭게 잘 시작하시길 진심 가득 기원한다.

　이주 완료 후, 해가 바뀌었다. 2024년이 되었고, 부촌 3차아파트는 사라졌다. 말끔히 철거됐다. 그 땅은 평평해졌고, 2년 후에 새 아파트가 올라오게 된다. 며칠 전에 24년도 2분기 조합 소식지가 날아왔다. 건축물 멸실을 완료했고, 2024년 7월 중 착공 예정이란다. 이후 한국부동산원에서 조합원 동·층·호 추첨을 한다. 흔히 우리가 말하는 '동·호수 추첨'이다. 듣기만 해도 설레는 그것 말이다. 이후 확정된 동·층·호에 따라 조합원의 분양 계약을 진행한다. 예정 분담금의 10%를 분양 계약 시 계약금으로 내야 한단다. 일반 분양의 계약금처럼 10%를 납부하게 된다. 다만 일정이 빠르게 진행되니 '조합원님들 자금 일정에 참고'하라고, 친절히 안내해 주셨다. 조○○ 모친의 전화번호를 건네주셨던 조합장님이.

며칠 전 기억이 떠오른다. 즐겨보는 유튜브 채널 '땅집고' 영상을 보다 환호를 내질렀다. 수도권 전철 서해선 개통 후 수혜 입을 지역을 꼽는데, '원종역'이 소개되더라. 내가 찍은, 내가 꽂힌, 내가 미친 듯 파고 있는 그 원종역 말이다. 부촌 3차아파트도, 다음 장에서 소개할 '거산주택'도 모두 원종역, 바로 이 '원종역' 때문에 입수한 물건들이다. 하나 꽂히면 끝장 보는 성격이 여기에서 거침없이 드러나는 중.

부촌 3차아파트의 북서 측도 확 바뀔 예정이다. 오랫동안 미군 부대 Camp Mercer였던 터에 '오정 군부대 일원 도시개발사업'이 진행 중이다. 최근 건설경기가 안 좋아 태영건설이 워크아웃에 들어가는 등 이 사업도 살짝 흔들렸으나, 정상 궤도를 찾아가

야, 너두 경매 할 수 있어!

는 단계다. 무려 4천여 세대의 주택이 들어서고, 2026년에 분양해 2028년에 완공할 계획이다. 그전에 완성될 나의⑺ 부촌 3차아파트 재건축 단지는, 선배 노릇 잘하다 4천여 후배들과 함께 원종역 일대를 꽤 괜찮은 주거 지역으로 '밸류업'시키길 바란다.

서울이라면, 한남동이라면, 성수동이라면 내가 실거주하러 입주하겠지만 이곳엔 그러지 않을 것이다. 서울로 출퇴근하는 신혼부부에게 전세로 주고, 2년 후 일반 과세로 매도하는 게 1차 계획. 하지만 좀 더 보유하는 게 낫겠지. 군부대가 아파트 대단지로 상전벽해할 2028년을 넘어, 원종역 인근 미니 신도시가 부드럽게 정착할 2030년경까지는 쭈욱 가져가는 게 나을 듯. 기대된다. 굉장히. 2년 후가. 4년 후가. 6년 후도.

아, 동·호수 추첨 결과 대공개! 안쪽 동 201호 당첨. 내 사랑, 끝 집이다. 201호. 역시 될 놈 될! 하하.

부촌3차아파트외 가로주택정비사업조합 소식지

(2024년 2분기)

주소 : 부천시 오정구 성오로 127번길 16, 3층
TEL : 032)212-5342
FAX : 032)212-5343
카페주소 : https://cafe.naver.com/oh140

조합원 여러분 안녕하십니까? 조합장 허수연입니다.
어느덧 한해의 절반이 지나가고 새로운 시작의 7월입니다. 시원한 바람이 그리워지는 무더위 속 늘 건강
하시고 행복하시길 바랍니다.
2분기 소식을 전해드리고자 합니다.

저희 조합은 건축물 해체공사 완료(멸실) 하였습니다. 이에 따라 7월 중 착공할 예정이며, 착공후 일정에
따라 조합원 동·층·호 추첨을 한국부동산원에서 진행할 예정입니다. 동·층·호 추첨 시 최대 5인까지(조합장,
사업주체 소속 직원, 조합원 3명) 참관 가능합니다.
총회 참석자 중 참관조합원 신청자를 모집할 것이며, 최대 인원 3명보다 초과하여 참관인을 신청할 경우
총회 당일 공개 추첨 할 계획이니, 개최 예정인 2024년 정기총회에 많은 참석 부탁드립니다.
동·층·호가 확정되면 확정된 동·층·호를 바탕으로 조합원님들의 분양계약을 진행할 것입니다. 예정 분담금의
10%를 분양계약 시 계약금으로 납입하셔야 하니 조합원님들 자금 일정에 참고하시기 바랍니다.

※ 조합원 권리변동 신고 시 신탁등기를 경료한 이후에 매매, 증여, 상속 등 권리변동 등기를 하여야 하는 경
우에는 주택도시보증공사(HUG)의 동의를 받고 근저당권변경(채무자변경)등기와 신탁등기 귀속과 동시에 소유권이
전등기 (매매, 증여, 상속 등) 및 재신탁등기를 하여야 합니다.
매매, 상속, 증여 등을 위하여 신탁해지 후 재신탁이 되지 않거나 그 내용이 다르게 되는 경우 건물 철거, 일반
분양, 토지합병, 기부채납, 소유권보존 및 이전에 지장을 초래하여 가로주택정비사업의 지연과 많은 손실을 발생하
기 때문에 이러한 손실을 미연에 방지하기 위하여 수탁자와 계약에 의하여 지정된 법무사로 하여금 신탁귀속, 매
매, 재신탁에 의한 각 소유권이전등기, 소유권 멸실 및 말소, 소유권 보존 및 이전등기 등을 일괄적으로 처리하여
전체 조합원에게 피해를 주지 않아야 합니다. 이에 따른 제세 공과금 등 제반비용은 해당 세대 조합원이 부담하여
야 합니다.[조합 문의:032-212-5342]

※ 조합원 주소 변경 시(우편물 수령지 등) 주소변경 후 14일 이내에 꼭 조합으로 신고하시기 바랍니다. 신고
하지 아니하여 발생 되는 불이익(조합 분기별 소식지, 총회책자 발송 등)등에 대하여 조합원은 조합에 이의를
제기할 수 없습니다.

어려운 사회적 여건이지만 그동안 지켜봐주시고 늘 격려해주신만큼, 조합원 여러분들이 입주하는 그날까
지 최선을 다하는 조합이 되도록 노력하겠습니다. 감사합니다.

2024. 07. 03.

조합장 허 수 연 배상

24년 2분기 조합 소식지

야, 너두 경매 할 수 있어!

녹인의 notice!

1 조합의 소식지는 정독하라. 조합총회에 참석하지는 못하더라도, 동·층·호 추첨 등의 주요 일정을 잘 챙겨야 한다. 이 모든 과정이 추후 내 아파트, 그리고 자산 가치와 직결된다.

2 재건축될 주택도 매도 계획을 세심히 세워야 한다. 실거주하지 않을 경우 전세 혹은 월세로 한 바퀴(2년)는 돌린 후 매도하자. 양도소득세를 최소화해야 수익률도 올라간다.

3 주변 단지, 인근 개발사업 구역도 체크하라. 거시적인 관점에서 영역을 넓혀야 한다. 추후 개발 여지와 가치 상승 기대감이 있다면 매도 시기를 늦춰야 한다. 자금 계획에 여유가 있다면, 항상 수익 극대화를 최우선시하라.

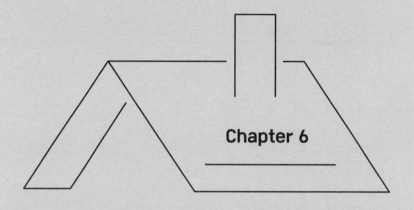

Chapter 6

최악의 악:

인내

내 뒤에 22명

원종역이 좋다. 부천에 가본 적도, 아는 이가 살지도, 그간의 인생 동선과 그리 연관도 없던 그런 곳이지만 좋다. 좋아졌다. 늘 그렇듯 이번에도 그냥 꽂혔다. 제대로. 분석하면 할수록 '요놈이다' 싶었다.

어느새 지하철역 '원종역'은 개통했다. 개통 예정지였던 이 역사 인근 지역에 매료된 후, 입찰과 낙찰을 이어나가며, 내가 조○○와 눈물의 협상도 하던 그사이에. 그러면서 서서히 이 주변 지역의 가치가 상승할 테고.

일단 내가 자주 가는 김포공항과 역 하나 건너로 이웃하고 있는 원종역이다. 서해선 부천종합운동장역은 서울 7호선과 환승역이다. 이곳이 대장주(?), 대장지라면, 그다음 역이자 김포공항역과 이어지는 원종역이 '2등지'라고 봤다. 휑했던, 다소 낙후됐던 교통의 불모지에 인공위성처럼 원종역이 '딱' 상륙했다. 중간고사 때 평균 75점이었던 A가 기말고사에서 90점을 받는 것보다, 50점이던 B의 점수가 80점으로 오르는 게 더 큰 충격으로 다가오지 않을까?

처음 임장하던 날의 원종역은 딱 75점, 아니 65점 정도로밖에 느껴지지 않았다. 대낮인데도 거리는 너무나 한산했고, 그마저도 내 또래는커녕 어르신들만 가득한 동네. 활력은 없고, 그저 조용한, 고요한, 서울 바로 옆에 붙어있는 동네라고 하기엔 놀라울 정도로 '시골'스러웠다. 그래서 더 좋았다. 내 스타일이었다.

일단 '부촌 3차아파트' 하나는 확보했고. 더 욕심이 나더라. 이 좋은 원종역을 이대로 보내기 싫었다. 또 찾아봤다. 원종역을 넘어 부천종합운동장역까지 반경 5km 안에 올라온 모든 경매 사건을 탐사했다. 성격상 하나 건너뛰고, 이런 거 못 한다. 한다면 다 해야 하는 사람이라 정말 하나도 빠뜨리지 않고, 다 파헤쳤다. 가히 발굴 수준. 그중에서 5개 정도를 추렸고, 입찰일 별로 정리했다. 그러곤 여느 때처럼 경매 관련 유튜브 영상들을 탐독하는데.

"여러분, 이 물건도 재개발 사업 구역 내에 있고요. 완전 소액으로 투자 가능해요!"

"…"

'중앙 레지던스'를 기억하는가? 단돈 1,500만 원 주고 매입해

연금 같은 30만 원을 매월 내 통장에 꽂아주고 있는. 그 물건 입찰 전의 아찔한 추억이 떠오르는 순간. 추린 5개 물건 중 1순위로 찍었던 '거산주택' 임장 영상과 맞닥뜨린 것. 안 볼 수 없었다. 굉장히 집중해서 집요하게 봤다. 봐야 했다. 역시 좋은 물건은 고수들이 다 알아본다. 스스로 이렇게 위안 삼을 수밖에. 이렇게 대중화(?)된 이상, 전략을 세심히 다듬어야 했다. 와글와글할 테니. 적지 않은 이들이 이 거산주택을 탐할 테니.

이 물건은 이력이 꽤 독특했다. 일단 소유자이자 채무자인 유○○이 2018년 2월에 경매로 본 물건을 낙찰받았다. 그랬는데 23년 봄에 다시 경매로 주○○에게 매각됐다. 유○○이 9,430만 원에 낙찰한 물건을 주○○은 8,400만 원 주고 획득했다. 싸게 잘 산 듯한데, 심지어 단독 입찰이었다. 더 재미나는 건 매각허가결정을 받고도 대금을 미납해 물건이 붕 떠버렸다는 사실. 흥미롭지 않은가? 고로 또다시 시장에 '출품'된 것. 이 걸작을 내가 입수해야 했다.

지층이지만 원종역과 도보 7분 거리라 입지가 좋다. '신탁, 거산, 보령, 수정빌라 가로주택정비사업' 구역 내에 있고. 물론 극초기 단계라 이 빌라는 '부촌 3차아파트'처럼 재건축 아파트가 되기까지 기다리긴 힘들 것 같다. 사업 진행 중 각 단계 통과 시 매도할 계획으로 입찰.

커다란 통창 덕에 마치 1층 같았다. 채광이 좋고, 주차장도 꽤 넓다. 인테리어만 잘하면 세입자 들이기는 어렵지 않을 듯. 공시가는 22년에 6,030만 원이었고, 23년도에는 5,870만 원으로 하락. 감정가는 1억 2천만 원. 두 번이나 유찰된 현 최저가는 5천 8백 8십만 원. 반값 물건이었다. 입찰일 8월 22일 기준 3개월 전에 8천 4백만 원에 낙찰됐으니, 심리적 기준은 8천 5백 정도라고 봤다. 꽤 몰리긴 할 테고. 엄청난 눈치 게임 발발 예상. 다 필요 없고, 무조건 1등 해야 했다. 이 물건도 꼭 내 걸로 만들어야 했다.

9자를 썼다. 앞자리를 바꿨다. 지르기. 올려치기 전략 전개. 불과 몇백만 원 차이지만, 1억 원 이하 물건이기에 꽤 큰 금액일 수도 있다. 하지만 3~4백만 원 아끼려다 지는 것은 도저히 용납할 수 없기에. 그렇게 난 90,011,000원을 써냈다. 감정가의 75%. 다들 8천 대에서 고민하고 있겠지. 그래서 난 9천을 쓴다. 이랬는데 9천 1백이 나오면? 뭐 어쩔 수 없고.

입찰일은 아버지 생신이었다. 전날 대구 본가로 내려가 부모님과 식사하는 와중에도 머릿속엔 내내 8천과 9천이 오락가락했다. 본인 생일임에도 아들 힘내라며, 장어를 사주신 아버지의 사랑을 가득 섭취하고 밤 KTX에 올랐다. 올라오는 2시간 내내 숫자 8과 9가 뇌를 지배했다. 좀 센 것 같았지만 한 번 마음 먹은 건 잘 못 바꾸는 성격인지라, 그대로 9자를 밀고 갔다. 밤늦게 도착한 집에서 90011000을 틀리지 않게 한 글자 한 글자 써 내려갔다. 아, 이 물건은 1억 이하의 공시가에, 2년 이상 보유하지 않고 단기 매도하기에도 좋아 내 명의 대신 법인으로 입찰했다. ㈜ 고려옥션 대표이사 이현동의 인감도장과 법인 등기부등본 등을 머리맡에 가지런히 두고 잠들었다.

부천지원은 늘 그렇듯 붐볐다. 이날은 왠지, 기분 탓이있겠지만 평소보다 더 많은 인파가 몰린 느낌이었다. 언제나처럼 누구보다 당당한 걸음으로 사람들의 시선을 뚫고, 입찰 봉투를 투척했다.

"사건 번호 2022 타경 3412 물건은 총 23분이 입찰하셨습니다."

여기저기에서 탄식이 터져 나왔다.

"스물셋? 생각보다 적네?"

30명은 넘을 거란 예상에 비하면 경쟁률은 낮았다. 해볼 만했다. 관건은 과연 나처럼 앞자리를 9로 바꾼, 제대로 지른 이가 또 있느냐였다.

"두 번째로 높은 금액을 쓰신 분은 8천 3백 3십…."

"헐…."

기뻤지만, 기쁘지 않았다. 다행히 1등 했다. 내 물건이 됐다. 내 것이 됐다. 한데 2등이 8천 3백을 썼단다. 나는? 난 9천을 썼는데. OMG. 5백이 아니라 7백만 원 가까이 차이가 났다. 소액 같지만 그렇지 않은 금액. 묘한 미소가 자꾸 새어 나왔다. 애써 태연한 척, 기쁘기만 한 척하며 낙찰 영수증을 받으러 나갔다. 보증

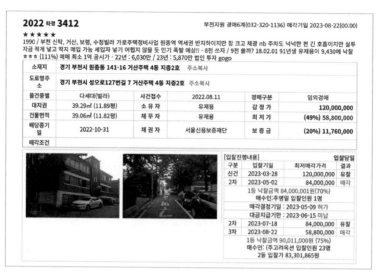

2022 타경 3412 ★★★★★ 부천지원 경매6계(032-320-1136) 매각기일 2023-08-22(00:00)

1990 / 부천 신탁, 거산, 보령, 수정빌라 가로주택정비사업 원종역 역세권 반지하이지만 창 크고 채광 nb 주차도 넉넉한 편 긴 호흡이지만 실투자금 적게 넣고 딱지 매입 가능 세입자 넣기 어렵지 않을 듯 인기 폭발 예상!! - 8천 쓰지 / 9천 쓸까? 18.02.01 91년생 유재용이 9,430에 낙찰 ㅎㅎㅎ (111%) 매매 최소 1억 공시가 - 22년 : 6,030만 / 23년 : 5,870만 법인 투자 gogo

소재지	경기 부천시 원종동 141-16 거산주택 4동 지층2호 주소복사				
도로명주소	경기 부천시 성오로127번길 7 거산주택 4동 지층2호 주소복사				
물건종별	다세대(빌라)	사건접수	2022.08.11	경매구분	임의경매
대지권	39.29㎡ (11.89평)	소유자	유재용	감정가	120,000,000
건물면적	39.06㎡ (11.82평)	채무자	유재용	최저가	(49%) 58,800,000
배당종기일	2022-10-31	채권자	서울신용보증재단	보증금	(20%) 11,760,000
매각조건					

[입찰진행내용]

구분	입찰기일	최저매각가격	결과
신건	2023-03-28	120,000,000	유찰
2차	2023-05-02	84,000,000	매각
1등 낙찰금액 84,000,001원(70%)			
매수인:주영일 입찰인원 1명			
매각결정기일 : 2023-05-09 허가			
대금지급기한 : 2023-06-15 미납			
2차	2023-07-18	84,000,000	유찰
3차	2023-08-22	58,800,000	매각
1등 낙찰금액 90,011,000원 (75%)			
매수인: (주)고려옥선 입찰인원 23명			
2등 입찰가 83,301,865원			

치열했던 경쟁의 승자는 ㈜고려옥선

금을 돌려받는 패배자 22인의 눈동자가 날 부러워하는 건지, 의문을 드러내는 건지 알기 어려웠다. 애써 외면하는 척, 또 기쁘기만 한 척했다. 이제는 '직장 동료' 같은 대출 상담사 이모님들이라 명함은 정중히 거절하며, 전화하겠단 제스처를 던지며 빠르게 퇴정했다. 그런데 뒤가 이상했다. 그림자가 붙은 듯. 다급한 발걸음들이 날 미행했다.

"저, 선생님! 선생님 잠시만요!"

"네?"

잠시 선생님이 된 내 뒤에 여러 그룹이 모여 날 뚫어져라 쳐다

야, 너두 경매 할 수 있어!

보고 있었다.

"경매 오래 하신 거죠? 혹시 어떻게 9천만 원까지 쓰시게 됐
는지 여쭤봐도 될까요?"

녹인의 notice!

1 분산투자도 좋지만, 본인의 최애지역 내 여러 물건에 입찰하자. 그 구
역에서 최소 하나는 낙찰할 때까지 도전해 보자.

2 대중(?)을 파악해야 한다. 경매 관련 유튜브 채널에 내가 입찰할 물건
영상이 올라온다면, 그만큼 다수의 관심을 받겠지. 내 눈에 들어온 물
건이라면, 타인의 눈에도 그만큼 매력적이라는 의미.

3 우리는 승부사다. 과감하게 입찰하라. 몇백만 원 아끼려다 패찰하면,
몇천 아니 몇억 원 벌지도 모를 기회를 날릴 수도.

안 나오면
쳐들어갑니다

    22명을 제압⑺한 '이현동 선생님'은 승리에 도취했다. 아주 잠시만. 전날 장어로 힘 꽉꽉 실어주신 아버지께 감사드렸고. 어김없이 낙찰 일주일 후 매각허가결정이 떨어졌고, 대출 문의와 조건 비교도 착착 해나갔다. 이번에는 내 명의가 아닌 ㈜고려옥션 명의로 낙찰한 것이라 법인 인감 도장, 등기부등본, 대표(나)의 주민등록 등·초본 등 챙길 서류가 많았다. 등기소 가랴, 법원 오가랴, 확실히 법인 명의로 물건 처리하는 과정은 개인 때보다 품이 더 많이 들었다.

    명도 협상 전 내용증명 발송도 휘리릭 했다. 전입세대 열람을 해보니 소유자인 91년생 유〇〇이 아닌 그의 부친 유〇〇이 홀로 살고 있더라. 내용증명의 수취인도 거주 중인 아버지로 작성해

야, 너두 경매 할 수 있어!

보냈다. 이번에도 회신은 기대하지 않았다. 그러는 사이 시간은 또 흘러 흘렀고, 뜨겁던 여름이 퇴장하면서 가을에게 옷장에서 긴소매 셔츠를 꺼내라 말했다.

다른 물건들에 입찰하고, 패찰하는 날들이 이어지던 때였다. 잊힐 듯 잊히지 않은 '거산주택'이 떠올랐다. 지나치게 정신없다 보니, 정신줄을 놓은 듯. 대출 자서도 완료했고, 법무사와 전화로 협상해 법무 비용까지 깎았다. 그 대금을 송금하는 날, 아이폰 배경 화면에 10월 12일이 찍혀있었다.

"아, 뭐지? 좀 심한데?"

그랬다. 8월 22일에 낙찰했는데, 두 달이 다 되어가도록 소유자와 연락이 닿지 않은 상황. 내가 너무 부드러웠나(?) 싶었다. 역시나 경매로 본 주택을 매입한 유○○ 부자(2)라 명도 과정을 너무나 잘 알고 있나 싶기도 했다. 이대로 더 둘 수는 없었다. 그들의 페이스에 말릴 이유도 없었고.

10월 17일에 현장 출동했다. 거의 한 동네라 볼 수 있는, 3분 거리 '부촌 3차아파트'를 지나며 흐뭇한 미소도 한 번 지었고. 이번에도 '내용증명 부착 서비스'를 가동했다. 대문에 내용증명과 내 연락처를 담은 포스트잇을 떡하니 붙였다. 옆집 대문이 스르륵 열렸다. 정작 열려야 할 우리 집 문은 안 열리고.

"누구세요?"

"왜 그러시는데요?"

대뜸 누구냐고 묻는 아주머니에게 친절히, 소상히 내 신분을 오픈할 이유는 없다. 난 '강강약약' 스타일.

"여기 아저씨 밤늦게 집에 와요."

Okay. 조금 투박했지만, 아군(?)이 될지도 모를 사람. 아주머니에서 이모님(?) 정도로 지위를 격상시켜 드리며, 대화를 이었다.

"여기 오래 사셨나 봐요. 이 집에 아들이랑 아버지가 같이 사나요?"

이렇게 시작된 대화는 녹음과 녹화를 해야 할 정도로 길어졌다. 이모님은 꽤 심심하셨던 게 확실했다. 거산주택의 역사(?)와 추후 개발 가능성 등을 모조리 읊어주셨다. 가히 동네 터줏대감 공인중개사보다 한 수 위였다. 그래서 부동산에는 갈 필요도 없었다는. 그 자리에 서서 25분의 '러닝 타임'이 이어졌다. 한편의 '오정동 대서사시'였다. 감동적이며, 감사한 스토리였다.

그로부터 또 무려 한 달여가 흘렀다. 그 사이 보라매동 상가 하나를 임대차 계약했다. 또 일을 벌인 것. 그러고 나서 더 없을 휴가를 다녀왔다. 제주도 캠프의 온기가 온전히 식기 전, 이번엔 국제선을 탔다. 어머니와 단둘이 스페인과 포르투갈을 여행했다. 자연스레 시간이 훨훨 날아갈 수밖에. 바쁜 채권자 '이길동' 덕에 현 채무자는 한 달을 더 무탈하게, 무료로 살았겠지. 이제 그 평화를 친히 중단시켜드릴 때였다.

전화해도 안 받고, 문자 보내도 다 씹어 드셨고. 무작정 달려갔다. 소유권은 이미 넘어왔으니 뭐. 쳐들어갔다. 퇴근 시각 맞춤형 방문 서비스. 밤 9시가 넘은 야심한 시각에 거산주택 4동 지층 2호에 도착했다. 똑똑. 또 똑똑.

"유○○ 씨, 낙찰받은 사람입니다. 계시죠?"

이번엔 조금 더 힘을 실어 쾅쾅. 인간이 이동하는 소리가 슬며시 들려왔다. 이내 문이 열렸다. 굳건히 닫혀있던 그 철문이 드디어 열렸다.

"이 밤에 이렇게 오신 건가요?"

"드디어 뵙네요. 전화도 안 받고, 연락이 안 되니 지금 온 거 아닙니까."

"네. 들어오시죠."

마치 기다렸다는 듯이 유○○은 큰 저항(?) 없이 날 집 안으로 들였다. 생각했던 것보다 향은 좋았다. 중년 남성이 혼자 사는 반지하 집의 냄새는 확실히 아니었다. 쓰고 있던 마스크를 벗어도 될 만큼. 아이폰의 녹음기 앱을 켜고, 그와 마주 앉았다.

"이사 계획은 세우셨나요?"

"왜 이렇게 연락이 안 되나요?"

"저희도 마냥 기다려 드릴 수는 없습니다. 대출 이자가 나오니까요."

"대출 이자만큼 월 임차료를 주시면, 더 거주하실 수 있게 도와드리겠습니다."

묵혀뒀던 모든 대사를 마구마구 뿜어냈다.

"지금은 당장 힘들어서요. 한 달 정도만 시간을 더 주시면…."

끊을 땐 끊어야 한다.

"연락 두절 상태로 벌써 몇 달이 흘렀는데, 뭘 더 시간을 달라는 겁니까? 월세 내시면 됩니다."

한참 지연된 상황에 화가 났지만, 소액이라도 임대료를 받는 게 실질적으로 이자 보전에 도움이 되니, 시간을 더 주기로 했다. 그렇게 합의서 없이, 구두로 '기한 1개월 추가'에 합의했다.

"아휴, 딱 한 달이다. 강제집행 하는 거보다는 낫겠지."

혼잣말을 되뇌며, 내 사랑 원종역을 지나쳐 왔다. 사람 믿는 거 아니랬지만, 한번 믿어보자며. 나와 회사를 위해서도 이게 최선이라며. 그가 약속 지키길 바라며.

녹인의 notice!

1   법인 등기부등본은 한 번에 2부 이상 발급하는 게 좋다. 은근히 등기
소 가는 게 귀찮다. 여기저기 등기부등본을 제출해야 할 일도 잦기에,
미리 2부 정도는 확보해 두자.

2   우리에겐 시간이 금이다. 지체될수록 손해다. 대출 이자 납부일은 우
리를 기다려주지 않는다. 연락이 닿지 않는다면, 물리적으로 닿아라.
당장 방문하라. 문 두드리면 누구든 나온다.

3   사람 믿는 거 아니랬다. 진짜 그렇더라. 감정에 휘둘리지 마라. 동정하
지 마라. 그리고 절대 사람 믿지 마라.

법무 비용은
깎아야 제맛

부동산 경매를 하다 보면 새 사람을 수없이 만나게 된다. 만나야 하고. 그중 특정 직종을 꼭, 물건 처리할 때마다 만나게 되는데, 은행 지점장보다는 대출 상담사, 변호사보다는 법무사를 더 자주 만나게 된다. 당연히 이들과 우호 관계를 유지해야겠지. 그래야 대출 금리를 조금이라도 낮출 수 있고, 법무 비용 또한 덤터기 쓰지 않을 테니. 모르는 건 죄가 아니라고 본다. 많이 알면 알수록 더 좋다고도 생각하고.

모든 걸 내가 다 컨트롤해야 하는 난 대출 상담사 이모님과도, 법무사 형님들과도 동등한 위치에서 소통하려 한다. 심지어 소통보다는 '협상'에 가깝게. 우리가 돈을 빌리고, 법무 서비스도 '받는' 입장이지만, 냉정히 보면 그들에게 비용을 지급하는 우리

야, 너두 경매 할 수 있어!

가 '甲' 아닌가. 그러니 그들에게 이리저리 끌려다닐 필요는 없다. 그래서도 안 되고.

이 물건 또한 대출은 이미 최적의 조건으로 세팅 완료. 법무사를 통해 잔금 납부할 차례. 여러 물건을 저리하면서 터득한 나름의 비법이랄까. 법무 비용을 예측한 채 '사건 처리 카드'를 기다린다. 하지만 10건이면 10건 다 내가 예상했던 정도의 비용이 날아든 적은 없다. 그래서 늘 전화한다. 지체하지 않고. 법무사 사무장에게. 이번엔 심지어 도산공원 건너 부처스컷에서 스테이크 썰다, 못 참고 바로 전화했다.

"김○○ 실장님이신가요? 부천 물건 사건 처리 카드 보고 연락 드렸는데요."

"아, 네. 내일 진행하신다고 들었는데요."

곧바로 본론으로 들어간다. 탐색전 시작.

"네, 금액이 제가 생각했던 거랑 좀 달라서요. 여쭤볼 게 있어서 전화 드렸습니다."

"네네."

"촉탁료, 진행비가 왜 185,000원이나 잡힐까요?"

"잠깐만요…."

그렇게 한동안 조용.

"이걸 다 그냥 묶어서, 묶어서 써주셔서요."

"아, 네. 촉탁료, 진행비는 법원에서 촉탁하고, 인도명령 신청해 드리고 하는 비용입니다."

일단 okay. 1차 공격 개시.

"네, 그러면 아래쪽에 완납 증명, 이것도 원래 따로 받나요? 이렇게 따로 뺀 건 처음 보는데…."

"아, 처음 보셨어요?"

많이 당황한 듯한 김○○ 사무장님.

"네, 그럼 이 완납 증명비는 저희가 조정을 좀 해드릴게요."

오호. 이렇게 1차 비용 인하 성공. 긴장 풀 새 없이 곧바로 2차 공격조 투입.

"네, 그런데 진행비가 있는데, 또 신고 및 제출 대행이 따로 10만 원 있더라고요. 이건 왜 또 따로 있을까요?"

"음…. 요건 이제 취득세하고, 등록세 신고 대행비입니다."

"네, 보통 이렇게 따로 빼지 않으니까 금액이 좀 과하지 않나 싶고. 그럼 작성, 원인 서류? 이 15만 원은 또 뭘까요?"

"서류 작성하고…."

하하. 이쯤 되니 그저 웃음만. 뭘 이렇게 따로 항목 나눠 금액 쪼개고, 부풀린 건지.

"밑에 제 증명도 5만 원 또 따로 있잖아요. 이게 뭉텅이로 10만 원, 15만 원씩 이렇게 다 있다 보니, 물건 금액 대비해서 법무 비용이 많이 나온 것 같아서요."

침묵의 시간만큼 고민하는 김○○ 실장. 수 초 후.

"혹시 생각하신 금액이 있을까요?"

그렇지. 내가 원했던, 기다렸던 멘트가 드디어 나왔다.

"네, 제가 생각했던 것보다는 10~20만 원 더 나온 것 같아서요. 그리고 아래에 보수액도 28만 원 따로 있는데, 교통비랑 세출 일당도."

전투는 끝나지 않는다. 다 물어본다. 다 따진다. 내가 고개 끄덕일 수 있을 때까지.

"서울에서 가시는 거죠?"

이번엔 지역 타격인가.

"네, 서울에서 갑니다."

"네, 그래서 10만 원이긴 한데. 보통 인천에서 가면 5만 원 정도로 잡기도 해서 조금씩 다 제 생각보다는 금액이 많네요."

다시 한번 긴 침묵이 이어진다.

"그러시면…."

난 얼마든지 기다려 드릴 수 있다. 호호.

"10~20만 원 말씀하셨잖아요?"

"네, 제 계산상으로는 그 정도 더 나왔네요. 그래서 한 번 여쭤봅니다. 조금 조정 가능한지."

"네, 조정해드…. 해드릴 수 있습니다."

두둥. 확답 획득. Deal 성공. 조정 대성공.

"그러면 한 20만 원 네고하고, 진행해 드리면 될까요?"

사 건 처 리 카 드

담당자 : 김범식 실장
010-8945-4454

사건번호	부천6계 22-3412	접수일 :	10월 13일		

사건명	경매잔금	목적물	경기도 부천시 원종동 141-16 거산주택 제4등 저지층 제2호	비고	
				은행	고창군수협 수지동현
낙찰자 (당사자)	㈜고려옥선	주민번호	연락처	주 소	
			010-8823-1128		

최저감정가	58,800,000	낙찰 보증금	11,760,000	관할법원	인천지방법원 부천지원
		대출금1	36,000,000	대출금2	
낙찰가	90,011,000	채권최고액	43,200,000	채권최고액	-

내역	사건명	소유권이전	근저당설정	말소	건수 9		
공제금 및 기타비용	취득세	990,120					예향법무사사무소 법무사 박동현 국민은행 448601-01-531409 예금주 박동현 법무사님계좌
	소계	990,120					
	등기증지회지	42,000	-	-			**취득세 1.1%**
	주택채권	124,880					
	촉탁료/진행비	185,000	-				
	완납증명	50,000					
	여신대행						
	신고및제출대행	100,000					
	작성/원인서류	150,000					총잔금	78,251,000
	제증명	50,000		-			
	소계	701,880	-				
	합계	1,692,000	-	225,000			**총 비용의 계산**
보수액	보수액	280,000				잔금	42,251,000
						은행비용 외 기타	
	소계	280,000	-	-		증초합원	1,000
	부가세	28,000	-			인지대	-
	합계	308,000	-	-		화재	400,000
	고통비,제출일당	100,000				실청채권	중소기업 면지
	합계	408,000	-	-		계	401,000
총 계		2,100,000	-	225,000		총합계	
			2,325,000	공과금+보수액			44,977,000

사건처리카드 Before

			사 건 처 리 카 드		담당자 : 김범식 실장		
사건번호	부천6계 22-3412	접수일 :		10월 13일	010-8945-4454		

사건명	경매잔금	목적물	경기도 부천시 원종동 141-16 거사주택 제4동 제지층 제2호		비고		
					은행	고창군수협 수지동현	
낙찰자 (당사자)	㈜고려옥션	주민번호		연락처		주 소	
				010-6823-1128			

최저감정가	58,800,000	낙찰 보증금		11,760,000	관할법원	인천지방법원 부천지원	
		대출금1		36,000,000	대출금2		
낙찰가	90,011,000	채권최고액		43,200,000	채권최고액		-

내역	사건명	소유권이전	근저당설정	말소	건수 9		예향법무사사무소 법무사 박동현 국민은행 448601-01-531409 예금주 박동현 법무사님계좌
공과금 및 기타비용	취득세	990,120					
	소계	990,120					
				-		-	
	등기증지최지	42,000					
	주택세권	124,880		-			취득세 1.1%
	촉탁료/집행비	185,000					
	환남증명	40,000					
	여신대행						
	신고및제출대행	40,000					
	작성/원인서류	40,000					총잔금	78,251,000
	제증명	50,000				-	
	소계	521,880		-			
	합계	1,512,000		-	225,000		총 비용의 계산
보수액	보수액	280,000					잔금	42,251,000
							은행비용 외 기타
	소계	280,000		-			준초합원	1,000
	부가세	26,000		-			인지대	-
	합계	306,000		-	-		최제	400,000
	교통비,제출일당	80,000					실명세권	중소기업 면제
	합계	388,000		-	-		계	401,000
		1,900,000		-	225,000		총합계	44,777,000
총 계					2,125,000	공과금+보수액	44,777,000

사건처리카드 After

와우. 20만 원. Perfect!

"아, 네, 그러면 괜찮을 것 같습니다."

입가에 미소가 확 번졌다.

"네, 그러면 조정해 드리는 금액이 신고 및 제출 대행은 10만
원 청구했는데, 5만 원만 청구하고요."

아니 뭐야? 이렇게 간단히 깎을 수 있다고? 역시나 애초에 거
품이 껴있었단 거다. 결과적으로 전화 한 통으로 20만 원을 절감
했다. 2,325,000원을 2,125,000원으로 깎았으니 거의 10%에 가까
운 금액. 전화 안 걸었다면, 그저 달라는 대로 줘버렸을 금액.

콜 포비아Call Phobia라는 용어를 들어봤는가? 메시지 주고받는
것에 익숙한 MZ 세대들은 요즘 전화 통화를 두려워한단다. 혹시
고개를 끄덕였는지. 그러지 않았다면 나처럼 꼭, 매번 법무사 사
무장에게 전화 걸어 협상하시길. 앗, 고개를 끄덕이셨다면 어떻
게 해야 하지. 제가 대신 전화 걸어드릴까요? 네, 뭐. 일단 저한테
전화해 주시죠. 제가 다 깎아드리겠습니다. 법무 비용 다운 서비
스 가동. 하하.

녹인의 notice!

1 모든 비용은 아껴야 한다. 금액이 적든 많든 일단 줄여야 한다. 10만 원 아끼면 하루 일당이고, 5만 원 아끼면 두 사람 한 끼 밥값이다.

2 법무 비용은 달라는 대로 주는 게 아니다. 그들은 일단 세게 부른다. 아무 말 없이 조용히 다 지급하면 감사한 초보자, 말 많이 하며 다 따지고 최대한 늦게 내면 피곤한 전문가. 둘 중 어떤 사람이 되고 싶은가?

3 부동산 경매는 전화의 연속이다. 일일이 다 대면할 수 없다. 수시로 전화해야 한다. 통화해서 내가 원하는 걸 얻어내야 한다. 이 또한 '경매 장이'의 능력이다. 전화 걸기 무서워 상대에게 주도권 내주고 질질 끌려다닌다면, 내 계좌도 점점, 텅텅 얄팍해질지도.

체험!
박살의 현장!

　부드러운 목소리로 법무 비용까지 잘 다듬었다. 내가 할 일은 착착 다 진행했으니, 이제 그쪽에서 나가주기만 하면 되는데. 어째 말을 잘 안 듣는다. 슬슬 열이 올랐고, 머리가 아팠다. 어느새 대면 협상 후 약속했던 한 달이 지났다. 월 임차료 송금은커녕 연락도 없더라. 많이 참았다. 성격 많이 좋아졌다. 부동산 경매하다 보면 우리 다 '인내의 아이콘'이 될 수 있다. 아니, 되게 된다. 웃프지만 말이다.

　11월 11일 협상. 12월 2일 전화 통화. 2주 더 드렸다. 지급 유예 기간을 드렸다. 그런데도 묵묵부답.

　"아, 이 아저씨는 안 되겠네."

　탄식과 함께 내 인내는 바닥을 치고 있었다. 12월 14일 밤 9시경 전화를 걸었다. 아이폰을 들고 한참 동안 기다렸다. 두어 번의 통화 시도 끝에 그의 목소리를 들을 수 있었다.

"아니 사장님, 한 달만 더 시간을 좀…."

"아…. 씨. 장난쳐요? 그 말만 몇 번째입니까? 수중에 40만 원이 없어요?"

"네, 없습니다. 빌려서 제가 좀…."

"아니, 몇 달째 40만 원도 못 빌리는 분을 제가 뭘 보고, 얼마나 더 믿어드려야 합니까?"

끊어버렸다. 더는 좋은 말 안 나올 거 같아 그냥 전화를 끊어버렸다. 이제 실행해야 했다. 처음으로 그걸 해볼 때가 왔구나 싶었다.

대개 명도는 부드럽게, 서로 웃으며 잘 진행된다. 나 또한 여러 물건을 처리하며, 단 한 번도 채무자와 얼굴 붉히거나, 서로 언성 높인 적이 없었다. 각자의 처지를 잘 이해하며, 좋게 좋게 더 도울 건 도우며 그렇게 웃으며 'good-bye' 했다. 항상. 하나 이번에는 그러기 힘들었다. 진짜 많이 참았다. 연말연시엔 나 또한 이래저래 바빴다. 결국 해를 넘겨 2024년 1월 9일에야 부천지원에 강제집행을 신청하게 된다. 새로운 사건 번호도 부여받았다. 이제 경매 절차가 아닌 새 사건(?)이 시작된 셈.

강제집행은 시간이 꽤 걸린다. 비용도 많이 들고. 그러니 우리 채권자로서는 시간과 비용 둘 다 적게 들고, 빠르게 명도 완료하려고 이사비 드리며, 살던 분을 곱게 내보내 드리는 것이다. 뭐 이렇게 선의를 품고 임해도 합의가 안 된다면 결국엔 강제집행 하는 것. 이번 건처럼 말이다.

신청 이후 또 한 달 넘게 보낸 후 2월 23일에 집행 업체에 견적을 의뢰할 수 있었다. 그리고 나서 또 한 달 지나 3월 22일에 집행 비용 127만 원을 냈다. 예상 이사비를 넘어서는 금액이었다. 지난한 과정을 기다리고, 기다리다 지쳐가며 말이다. 그로부터 또 마냥 시간이 흘러 봄이 왔다. 아니 이러다 여름이 올 것만 같았다.

강제집행 일정을 정해야 하는데, 이것마저 쉽지 않았다.

"아니, 채권자님이 이렇게 바빠서 자꾸 밀리네요. 괜찮습니까?"

"그러게요. 날짜 잡기가 쉽지 않네요. 월요일이나 금요일 중 가능한 날 나오는 대로 연락 부탁드립니다."

누굴 탓하랴. 내가 바쁜걸. 이때는 평일엔 금요일 하루만 시간이 나던 때라 집행 일정 잡기가 여간 힘든 게 아니었다. 급작스럽게(?) 오픈한 포케 매장에 거의 매일 출근하느라 인생에서 가장 바쁜 시기를 보내던 때였다. 포케 매장 스토리는 후술 예정. 결국 긴 여정 끝에 5월 14일로 강제집행 일자를 확정했고, 열쇠공을 예약한 후 유○○와 최후 통화를 했다.

"다음 주에 강제집행 실시합니다. 그 전에 밀린 월세 못 내죠?"

"아니 사장님, 진짜 한 달만 더…."

뚜뚜뚜. 됐고. 그냥 끊어버렸다, 전화를. 아오.

대망의 5월 14일. 증인 둘과 함께 현장으로 향했다. 증인 1은 나의 부동산 경매 동지 Y, 증인 2는 나의 부동산 경매 제자(?) J. 든든했다. 마치 좌청룡 우백호 같은 느낌이랄까. 하지만 이내 우리 셋의 웃음기는 싹 사라졌다. 강제집행은 장난이 아니었다.

"자, 두 분 이리 오시고요. 신분증 꺼내주세요."

집행관 아저씨의 묵직한 음성 뒤로 대형 트럭 두 대와 10여 명의 인부 아저씨들이 들이닥쳤다. 과장 조금 보태 전장에 나서는 장수들 같았다. 양손에 연장(?)을 쥐고, 장군의 명령을 기다리는 그들. 지하층으로 내려가 대문을 몇 번 두드려 집 내부에 유○○ 등 사람이 없다는 걸 확인한 후 강제 개문했다. 열쇠공이 뚝딱뚝딱하더니 디지털 도어록을 파손하지 않고, 스르륵 문을 열었다. 회심의 미소가 새어 나왔다.

"왜 웃어?"

궁금한 게 많은 증인 2의 질문.

"저거 최소 15만 원 정도 하거든. 새것 안 사고, 그대로 쓰면 되니까 돈 아꼈지!"

비용 절감에 기쁜 채권자 겸 선생님의 즉답. 동네 사람들이 다 나왔다. 현장 갈 때마다 나랑 수다 파티를 했던 옆집 아주머니는 당연하고, 앞 동 주민들도 처음 보는 광경에 우르르 몰려 관객이 됐다. 수많은 질문이 내게 쏟아졌지만, 부드러운(?) 미소와 간결한 고개 끄덕임으로 대답을 대신했다.

문을 '따고' 들어간 집 내부는 대면 협상 때와 크게 다르지 않았다. 유○○의 손때가 묻은 살림살이들이 가차 없이 하나둘 집 밖으로 '퇴출'당했다. 지층이지만 지상과 맞닿은 큰 통창을 다 뜯어내니 수월하게 짐을 빼낼 수 있었다. 금세 큰 트럭 2대가 한가득 채워졌다. 집행 업체 대표가 추후 과정을 간략히 안내했다. 김포의 한 창고로 모든 짐이 옮겨지며, 일정이 잡히는 대로 동산 매각 절차가 이어진다고 했다. 유○○에게 동산 포기 각서를 받아도 좋은데, 그건 내 선택이라고도 했고. 시간이 또 한참 소요되겠지만, 소액이라도 건지려면 동산을 매각하는 게 낫기에 그저 또 기다리는 게 낫겠다 싶었다.

채 한 시간도 걸리지 않았다. 유○○의 흔적을 다 지워내는데. 서명 몇 번 하고, 트럭 두 대를 출발시켰다. 그저 지켜보기만 했는데도 은근히 힘들었다. 체력 좋은 3인인데도 훗날 다시 모이기로 하고, 증인 1과 2와도 현장에서 헤어졌다. 그렇게 길고 길었던 '거산주택 명도 집행기'는 23년 11월 11일 첫 협상으로 시작해, 24년 5월 14일 강제집행으로 무려 반년 만에 대장정의 막을 내렸다. 텅 빈 집에 홀로 남아 창밖을 보는데 그저 후련하고, 또 후련했다. 이제야 거산주택은 온전히 ㈜고려옥션 소유의 주택이 됐다. 휴우.

1 멍도는 대회와 협상으로 마무리하는 게 최선이다. 시간과 비용 둘 다 줄일 수 있다. 심적으로도 덜 고통받을 테고.

2 시간이든 법이든 결국 다 채권자의 편이다. 우리에게는 강제집행이라는 수단도 있다. 정 안 될 땐 최후의 수단을 써야지. 강제집행도 처음이 어렵지, 막상 해보면 별것 아니다.

3 사실 강제집행은 '비추'한다. 어찌 됐든 우리는 적은 돈을 들여 신속히 다음 단계로 넘어가야 한다. 강제집행은 경험하지 않는 게 최선일지도. 그러므로 빠르게 판단해야 한다. 채무자가 진심으로 협상에 임하는지, 진정성 있게 협조하는지 빠르게 캐치하자. 아니다 싶으면 시간 더 흘려보내지 말고, 곧바로 강제집행 신청하라. 이후에 압박감을 느껴 당장 이사하겠다는 채무자도 있다. 어쨌든 모든 과정은 우리 채권자의 선택에 따라 흘러가게 된다.

ENTJ도 따뜻합니다,
내 사람에겐

ENTJ : 대담한 통솔자. 타고난 지도자형. 지적 욕구가 강함. 조직적, 계획적, 체계적.

요즘엔 본인 소개를 할 때 이 MBTI를 드러내곤 한다. 나 또한 자연스레 '꼭' 밝히고, '꼭' 물어보게 되더라. 난 'ENTJ'인데, 내 걸 듣는 상대의 반응은 대체로 한결같다.

"아? ENTJ요? 아…."

그럴 때면 난 늘 크게 웃고는.

"잘 없죠? 표정 뭐죠?"라며 '셀프 디스' 한다. 좀 세 보이는 유형이라, 실제로 그리 흔치도 않거니와 조금은 튄다고 느끼는 이들이 많은 듯. 난 나의 ENTJ를 좋아한다. 만족한다. 격하게. 유형

분석대로 비교적 잘 살아가고 있다고 느끼기에.

예전에는 혈액형을 많이 물어봤더랬지. 그때도 상대의 반응은 요즘과 크게 다르지 않았다.

"오? AB형이요? 오…"

좋다는 건지, 괜찮다는 건지 모를 오묘한 감탄사와 함께 말을 잇지 못하던 이들. 혈액형조차 독특(?)한 나는 당연히 내 AB형마 저 좋아한다. 언제나 남들과 다르길 바라는, 평범한 걸 싫어하는 나답다고나 할까나. 태생적으로 이렇게 살아야 할 생명체라는 사실에 순응하며. 기꺼이 기쁘게 날 사랑한다.

매우 이성적이고, 남과 다른 나를 추구하다 보니 다소 차갑고, 정 없고, 이기적이고, 지나치게 현실적인 사람. 이런 평을 듣기도 한다. 업무적으로 날 만난 사람, 날 잘 모르는 사람이라면 초반에는 그렇게 생각할 수 있다. 나 또한 그렇게 보일 수 있단 걸 잘 알고 있고. 하지만 조금 더 깊숙이, 오늘 이후 더 길게 나와 연을 이어간다면 초면의 나와는 다른(?) 현동을 만나게 된다.

"야, 진짜 싹수없고, 자기밖에 모르는 깍쟁이인 줄 알았는데. 생각보다 성격 좋다?"

비즈니스적으로 만난 이후, 10년 넘게 우정을 이어오는 형들 이 우리의 향후 관계 변화를 암시했던 말.

"이제라도 알았으면 됐다!"

이제 당신을 '나의 형'으로 받아들이니, 앞으로 '진정한 나'와 쭈욱 잘 지내보자는 관계 격상을 선포했던 응답.

부동산 경매 시장에 뛰어든 이후론 이런 경험을 더 하게 될 것 같지 않았다. 줄곧 '투자는 외로워야 한다.'를 주창하는 나로서, 이 치열한 시장에서 친구 혹은 우정을 나눌 정도의 동료를 만나게 될 일은 없을 거라 여겼다. 사실 그럴 필요도 없고, 그럴 이유도 없다. 그저 투자 잘해서, 잘 되면 현존하는 친구들과 잘 먹고, 잘살자는 마음 정도는 먹고 있었다. 'Newcomer'는 더 필요치 않았다.

언제나처럼 계획적으로 사는 나인데, 이러한 기조(?)가 바뀌어 버린 사건. 사건 맞지. 경매 물건 자체가 사건 번호를 달고 있으니. 바로 이 거산주택 건이었다. 낙찰하고 법정을 나서던 그때, 그날 조금의 변화가 감지됐다.

"저기, 선생님?"하며 나를 따라 추격전을 벌였던 몇몇 분들. 마치 대단한 고수라도 만난 양, 초롱초롱한 눈빛을 내게 발사하던 분들. 그저 그들보다 조금 일찍 투자를 시작해, 조금 더 많이 법정에 출퇴근했을 뿐인데. 그들에게 실망(?)을 안기고 싶지는 않았다. 내 사람에게는 따뜻한 나니까. 내게 관심 갖고, 질문 던지는 그분들이 그땐 '타인'이었지만, 그래도 최대한 성실히 응답했다. 그렇게 한 팀과 즉석 인터뷰를 마치고, 전진하는데 또 다른 팀에게 붙잡혔다.

"선생님, 정말 죄송한데 저희도 뭐 좀 여쭤보면 안 될까요?"

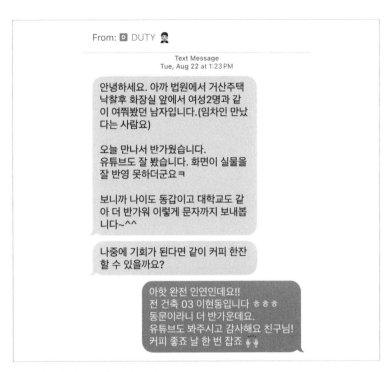

From: **D** DUTY 👤

Text Message
Tue, Aug 22 at 1:23 PM

안녕하세요. 아까 법원에서 거산주택 낙찰후 화장실 앞에서 여성2명과 같이 여쭤봤던 남자입니다.(임차인 만났다는 사람요)

오늘 만나서 반가웠습니다. 유튜브도 잘 봤습니다. 화면이 실물을 잘 반영 못하더군요ㅋ

보니까 나이도 동갑이고 대학교도 같아 더 반가워 이렇게 문자까지 보내봅니다~^^

나중에 기회가 된다면 같이 커피 한잔 할 수 있을까요?

아핫 완전 인연인데요!!
전 건축 03 이현동입니다 ㅎㅎㅎ
동문이라니 더 반가운데요.
유튜브도 봐주시고 감사해요 친구님!
커피 좋죠 날 한 번 잡죠 🙌

설렘 가득했던 Y의 첫 문자 메시지

"아, 네. 괜찮습니다. 제가 큰 도움이 안 될 텐데…."

내 말이 끝나기도 전에.

"부천지원 자주 오시나요? 아까 좀 들었는데, 혹시 혼자 투자하시나요? 저희가 좀 따라다니면 안 될까요?"

오호. 말 빠르기로는 그 누구에게도 지지 않는 내게 진지하고, 빠르게 질문을 투하하는 한 남성에게 시선이 고정됐다. 결국 아이폰으로 녹음하며, '질의 & 응답' 시간을 이어나갔다. 그러곤 결국 내 전화번호도 헌팅(?)해 가셨다. 낙찰의 기쁨보다도, 마치 '팬미팅' 같았던 그 20여 분이 더 강하게 뇌리에 남는 날이었다.

역시 운명은 운명인가. 나만큼이나 매사에 적극적인 그분은 그날 바로 내게 문자메시지를 보냈다. 그사이 내 뒷조사(?)까지 마치고 말이다. 심지어 우린 동갑에 대학교 동문이기도 했다. 그와 흔쾌히 문자메시지로 친구 먹었다. 그렇게 그는 '내 사람'이 됐다. 거산주택에 거주하던 유○○을 입찰 전날 밤에 만나고 왔다는 대단한 그. 내 친구가 된 Y. 강제집행 때의 증인 2인 중 한 명도 바로 이 Y이다. 다른 증인 J 역시 오랜 내 사람인데, 나의 투자 성과를 지켜보곤 본인도 이 시장에 뛰어들어야겠다며 열공 중이다.

이 책을 쓰게 된 연유도, 내 사람들에게 더 자세히 내 투자 이야기를 들려주고픈 마음 때문 아니겠는가. 만날 때마다 그 집은 어떻게 됐냐, 언제 파냐, 그래서 어느 아파트를 사야 하냐며 물어대는 친구들아, 일단 이 책부터 읽자. 진짜 다 써 내려간다. 너희, 나보고 뭔 책을 또 쓰냐고 타박했더랬지. ENTJ는 한다면, 한단다. 알잖아?

야, 너두 경매 할 수 있어!

녹인의 notice!

1 주변에 ENTJ가 있다면, 손 꼭 붙잡길. MBTI 유형별 소득 순위에서 1
위랍니다. 호호.

2 투자하며 수많은 사람을 만나게 된다. 모두를 내 편으로 만들 수 없
고, 다 적이 되지도 않는다. 서로에게 득이 되는 건전한 관계만 많이
만드시길.

3 F여서, 마음이 따듯해서, 이 사람 저 사람 다 챙겨주고 싶을 수도 있
다. 투자는 숫자와 떼려야 뗄 수 없다. 이성적으로, 계산 잘하고, 손해
보지 않을 범위 내에서 내 사람들 많이 챙겨주고, 도와주시길. 내가
더 잘 되어야 하는 이유.

Chapter 6. 최악의 악: 인내   233

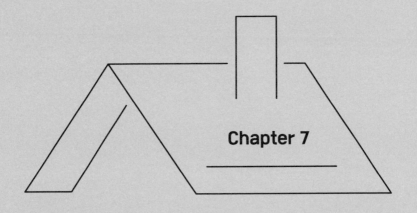

Chapter 7

부동산이 정답도,
전부도 아닙니다:
수익

일시 정지된
'Everyday 경매 Live'

부동산 경매 시장에 입장한 지 1년여가 지난 시점. 하늘이 뚫린 듯 비가 퍼붓다가도 언제 그랬냐는 듯 햇빛 쨍쨍하며, 매미가 울고불고하는 날들이 이어지던 때. 마 바지 입고, 장화 신고 열심히 법원을 오가던 일상의 연속. 2023년 여름과 가을의 경계. 입찰하는 건 여전히 흥미롭고, 열정도 식지 않았지만 뭔지 모를 또 다른 꿈틀거림이 느껴졌다. 일을 참 잘 벌이는데, 그걸 잘 매조지지 못하는 편이기도 한 나. 하나에 꽂히면 끝장을 볼 때까지 달려들지만, 동시에 또 슬며시 곁눈질하는 나. 또 슬금슬금 잉여 자금 혹은 여력을 어디에 쏟아볼까 이리저리 레이더를 돌리고 있었다.

다주택자 취득세 중과를 피하고, 양도소득세 절감을 위해 주택은 당분간 손을 떼기로 했다. ㈜고려옥션으로 법인 명의 취득은 더 가능하지만, 주택은 취득세율도 높고 뭔가 다른 분야로 손을 뻗고 싶었다. 뭘 도전하든 늘 그랬듯 부동산 경매인으로서도 소리 없이, 서서히 'level-up'을 갈구하고 있었다. 다음 타겟이었던 다가구 물건 중에는 확 끌리는 게 없었다. 쉽지 않다고 하지만, 슬슬 상가로 넘어가 볼까 하며, 관심 물건 폴더를 하나 더 만들었다.

운명론자이지만, 흥미로운 'Unexpected event'도 늘 환영한다. ENTJ이면서 지극히 계획적인 'Super J'라 모든 걸, 거의 모든 걸 내가 통제하고, 계획한 대로 행하려 하지만 말이다. 예기치 않은, 마치 사고처럼 계획 없이 찾아오는 일 또한 꽤 재미있다. 잔잔한 대낮에 급 번개 치며 폭우가 쏟아지듯 흥미로우니. 그러다 '포케'를 만났다. 부동산이 아닌 음식이 내게 다가왔다. 갑자기.

포케Poke : 하와이어로 '자르다', '십자형으로 조각내다'라는 뜻으로 익히지 않은 해산물과 채소를 소스에 비빈 하와이의 전통 음식.

가본 적도 없는 하와이 음식에 꽂혀버렸다. 골프, 테니스, 필라테스 등 운동이란 운동은 다 하는 나이기에 몸 관리에 도움되는 음식은 늘 환영한다. 그런데 들어본 적조차 없었다. 포케라는 메뉴는. 우연히 들른 집 근처 음식점에서 맛본 포케. 강렬했다. 신선했고. 심지어 맛있었다.

"이거 뭐지? 오!"

로메인을 아삭아삭 씹고, 연어와 스테이크를 쓱쓱 입에 넣으며 연신 내뱉은 탄성. 볼륨 점점 높여가며. 이거였다. 막연하게나마 늘 꿈꾸던 카페 혹은 '어렵지 않은' 음식점 경영. 숯불 쓰고, 불판 닦고 하는 고깃집은 감히 내가 진입할 수 있는 영역이 아니다. 대한민국의 모든 고깃집 사장님들을 진심으로 'respect' 한다. 포케가 딱이었다. 내게는. 아, 물론 포케를 얕잡아본 건 아니었다. 상대적으로 고기 굽고, 화구 많이 쓰는 그런 유의 '진짜 음식점'보다는 가벼운 메뉴. 주머니 가벼운 MZ 세대들이 가볍게 먹고, 체중 관리도 하며 더 가벼워질 수 있는 최적의 메뉴. 고민은 수익만 늦출 뿐. 그날로 그냥 바로 '포케집 오픈 프로젝트'를 오픈했다.

부동산 물건 찾듯이 포케 프랜차이즈를 비교·분석하기 시작했다. 요식업 분야는 무지한 나이기에, 우선 프랜차이즈 가맹점을 열어야 했다. 그 와중에 점주와 상생하며, 브랜드 자체로도 경쟁력과 잠재력이 가장 뛰어난 곳과 손잡아야 했고. 뭐든 하려면 제대로 해야지. 1등 해야시. 어설프게 할 거면 시작도 안 한다. 운명인 건지 내게 포케를 알려준 그 프랜차이즈가 제일 나아 보였다. 곧바로 본사에 전화했다. 바로 미팅 날짜를 잡았다. 역시 속전속결이다. 꽂히면 그냥 직진한다.

2023년 9월 22일, 신사동에 있는 '포케올데이' 본사에 당당히 당도했다.

"여의도, 을지로, 서울역 요렇게 세 지역 보고 있습니다."

부동산업자답게 선호 상권을 먼저 제시했다. 물론 포케올데이 지점이 아직 입성하지 않은 곳 중에서 추렸다. 난 주택가 상권보다 오피스 밀집 지역을 선호한다. '법카 찬스'의 위력을 알기에. 내 돈 아니라 막 쓰는 느낌을 아니까. 포케는 빠르고, 간편하게 먹기 좋고, 뒤처리도 간단한 음식이기에 점심이든 저녁이든 직장인들이 선호할 음식이라고 봤다. 직장인과 법카의 콜라보. 그 향연은 여의도에서 불꽃처럼 터질 테지. 여의도가 안 된다면 강북의 구도심 을지로. 둘 다 불가하다면 3순위 서울역이었다. 서울역 인근에는 오피스도 많지만, 지방 강의를 자주 다니는 내가 지점 관리하기에도 좋을 위치이고.

"역시 부동산 전문가이시라 진행이 빠를 거 같습니다."

K 이사는 본인도 부동산에 관심이 많다며, 경매 관련해서도 나와 더 얘기 나누길 원했다. 당연히 대화가 잘 통하니 예비 점주인 내게도 매우 우호적이었다.

"일단 동여의도랑 서여의도는 개점 작업 진행 중이긴 합니다."

"아, 아쉽네요. 둘 다 제가 한발 늦었네요."

"네, 두 지점 동시에 오픈 예정이고요."

"동시에요?"

서너 명이 의기투합해 여의도를 먹을(?) 예정이라 했다. 제과 프랜차이즈를 오래 운영한 점주들이 포케올데이의 잠재력을 보

야, 너두 경매 할 수 있어!

녹인TV '건물주의 품격'

고, 동업해 오픈한다고 했다. 너무나 탐냈던, 애정하는 여의도를 놓친다는 게 너무나 아쉬웠다.

"혹시나 그분들이 포기하시면 바로 이 대표님께 말씀드리겠습니다."

K 이사는 이미 내 편이었다. 든든했다. 그러면서 말을 이어갔다.

"보라매동 좀 아시나요? 그쪽도 상권이 괜찮은데, 제가 지난주에 1층 상가 보고 온 게 있거든요."

"오? 1층이요?"

오픈 비용 절감을 위해 메인도로 대신 이면도로 상권, 1층보다 2층에 입점하는 전략을 취하던 포케올데이. 1층 상가라는 K 이사의 말에 나 또한 솔깃했다. 당연히 1층이 낫지. 추석 연휴를

앞두고 있던 때라 마음은 급했지만, 시간상으로는 여유가 있던 시기. 우리 둘은 이래저래 부동산과 경매 얘기를 이어나갔다. 요식업 입점 문의 미팅이 부동산 경매 컨설팅으로 변질하는 느낌.

"대표님, 혹시 지금 바로 현장 한 번 가보시겠어요? 식사하시는 거보다 그게 낫지 않을까요?"

"그럴까요? 네, 그럼 지금 바로 가보겠습니다."

보통의 예비 점주들과는 포케로 점심 식사하며, 포케 얘기를 이어나간다는데 난 밥도 안 주더라. 당장 다음 달에라도 오픈할 듯한 이글이글한 내 눈빛이 포케 위 생연어 토핑을 익혀버릴 듯했으려나. 그렇게 미팅 후 곧바로 부동산업자로 복귀했다. 가자, 보라매로. 이렇게 'Everday 경매 Live'는 잠시 중단되는 걸까? 이대로 난 요식업자로 데뷔하게 되는 걸까?

야, 너두 경매 할 수 있어!

녹인의 notice!

1 다주택자 반열에 올라섰다면, 서서히 다가구와 상가 등으로 영역을 확장해 보자.

2 고민은 결정과 수익만 늦출 뿐. 마음먹었다면 곧바로 실행하라. 부동산 시장은 경쟁의 연속이다. '내일 가봐야지.' 하는 사이, 경쟁자는 슬그머니 OTP를 꺼내고 있다. 계약금을 쏜다.

3 상가를 매입해 월 임대료 받는 것보다 그 자리에서 다른 업종으로 더 큰 수익을 낼 수 있다면 그게 낫겠지? 감당 가능한 범위 내에서 수익률을 극대화할 방안을 늘 연구하자.

월, 화, 목 :
주식 초단기 투자자

　일단 매일 살아 숨 쉬던 부동산 경매업자의 삶은 일시 정지될 듯했다. 요식업자로 변신을 꾀해야 했기에. 왜 그래야 하냐고? 웃프지만, 자금이 모자라서. 매장 하나 차린다는 게 그리 간단한 일은 아니잖나. 경락잔금 대출하듯이 은행에 SOS 요청할 수도 있겠지만, 그럼에도 적지 않은 비용을 투입해야 할 프로젝트. 심지어 처음 해보는 일이기에 좀 더 집중할 필요도 있었다. 그렇게 잠시, 아주 잠시 법정 출근(?)을 중단하게 됐다. 마음속으로 법원에 휴직계(?)를 냈다.

　대출 없이, 대략 1억 5천만 원을 포케집에 투입했다. 시드머니가 거의 다 날아갔으니, 시드머니가 또 필요했다. 경매장이의 명맥을 유지하려면 말이다. 다시 입찰하려면 말이다. 그렇게 여기저기 흩어져 있던 자금들을 CMA 계좌로 집합시켰다. 2008년으로 돌아가려 했다.

그랬다. 난 사실 주식 투자자였다. 그 옛날 리먼 브러더스 사태로 투자 근육을 단련했으니 꽤 일찍 '데뷔'했다. 2006년 봄부터 2008년 봄까지. 용산 미8군에서 군 복무했다. 삼성증권 펀드에 내 전 재산 500만 원을 넣고 입대했는데 반년 만에 두 배로 불더니, 그다음 해에 반토막 나더라. 뉴욕에 사는 '리먼 형제들' 때문에. 함께 일하던 미군 친구들 얼굴에다 매일 외쳤다.

"I don't like the States!"

물론 웃으면서. 이후 간접 투자는 다시는 하지 않겠다며, 잃어도 내가 직접 잃겠다며 주식 시장에 뛰어든 나. 복학 후 학점 올릴 시간도 부족한데, 안암동 하나 스퀘어 버거킹 매장에서 매수, 매도 버튼을 눌러댔다. 삼성전자를 492,000원에 사서 600,000원에 팔았던 추억.

"우리 장손은 주식도 잘하네!"하셨던 할머니의 칭찬이 여전히 귓가에 울리는 듯하다. 물론 얼마 후 그 삼성전자 주가가 '200만 원'을 찍어서 땅을 치고 또 쳤지만. 뭔 소설 쓰고 있냐며, 표정 찌푸리는 분들 있을지도. 이후 덩어리가 너무 커진 탓에 50분의 1로 액면분할을 한 주가가 지금의 '6만 전자' 삼성전자이다.

이후 벌었다 잃었다 하며 늘 HTS, MTS와 함께 살아왔다. 그러다 결정적인 계기로 인해 주식 시장을 떠나는 결정을 하게 되는데. 2022년 초, 우크라이나와 러시아의 긴장 상태가 전면전으로 확전되려던 때, 그때 결심했다. 더는 주식 못하겠다고. 못 해먹겠다고. 내 잘못이 아닌데, 내가 해결할 수도 없을 텐데, 그런 외부 변수에 속수무책으로 출렁일 내 자금이 딱했다. 정말 주식 계좌에 있던 돈을 다 빼냈다. 어쩌면 내 삶에서 굉장히 중요한 변곡점이 된 그때. 2022년 초의 겨울.

8개월을 독학한 후 호기롭게 뛰어든 경매 월드. 겁도 없이 이렇게 책까지 쓰고 있는 걸 보니, 나름대로 순항하고 있는 듯하다. 그러다 그 흐름이 중단된 요즘. 상가 투자자가 되려다 급 요식업자가 돼 근로소득도 추가하고 있다. 그러다 힘들어서, 정말 육체적으로 힘들어서 스스로 점장의 근로 시간을 많이 줄였다. 덕분에 또 남는 시간이 많이 생겼고. 역시나 가만히 있을 내가 아니었다.

"요즘 2차전지 미쳤던데?"

찐친들은 내게 경매 그거 어떻게 하는 거냐며 묻다가도, 이내 주식 시장으로 건너갔다. 주식 또한 꽤 잘했기에(?) 코로나 이전까지만 해도 친구들이 내게 아침마다 자문하곤 했지. 가슴 속 그 어딘가에서부터 슬금슬금 '빨간 화살표'가 꿈틀대기 시작했다. 마치 주식 시장을 향한 FOMO Fear of Missing Out 랄까. 뭐 그런 오묘한 패배감 같은 느낌에 더는 빠져있을 수 없었다.

그렇게 컴퓨터에 유안타 증권 HTS를 새로 깔았다. 오랜만에 하려니 업그레이드할 것도 많더라. 한참 기다린 끝에 온라인 주

야, 너두 경매 할 수 있어!

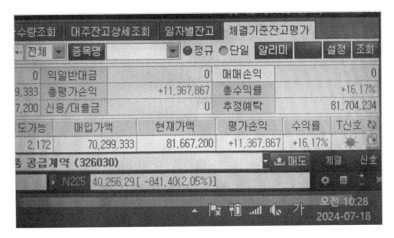

24년 7월 18일 Day-trading 평가손익

식 시장에 재진입했다. 포케집에 투입한 덩어리 자금을 뺀 작고, 귀여운 현금을 모아 모아 매수 버튼을 다시 누르기 시작했다. 꽤 장기 투자하고, 수익을 내는 부동산 경매를 하다, 펄떡이는 1분 봉과 요란하게 움직이는 숫자들을 보니 뇌세포가 활성화되는 느낌이었다. 좋았다. 더 팔팔한 느낌. 살아있는 느낌.

좀 더 규칙적인 삶도 살 수 있게 됐다. 평일 오전 8시 반이면 컴퓨터 앞에 앉는다. 9시부터 10시 정도까지 매매에 집중한다. 대부분의 주식 투자자들은 본인이 투자를 한다고 하지만, 냉정히 보면 투자와 투기 사이 경계가 모호한 그 무언가를 한다. 난 투기는 하지 않지만, 그렇다고 투자한다고 하지도 않겠다. 난 투자가 아닌 '거래'를 한다. Investment가 아닌 'Trading'을 한다. 그

것도 매일, 최대한 짧게 보유하려 하는 'Day trading'을 선호한다. 물론 그러다 본의 아니게 물려(?) '스윙 투자'가 되기도 하지만.

서서히 감을 되찾아가는 2024년 여름이다. 이렇게 월, 화, 목요일은 '주식 초단기 투자자'로 살아간다. 계좌에 담긴 종잣돈을 차곡차곡 불려 법정에 다시 출근하기 위해. 다가구 물건에 입찰하기 위해. 친구들은 늘 내게 말한다.

"현동이는 참 열심히 산다."

녹인의 notice!

1 부동산 경매는 그리 많은 시간을 필요로 하지는 않는다. 남는 시간에 나만의 무언가를 더 하자. 수익 창출 활동이라면 더 좋고.

2 부동산에 국한될 필요는 없다고 본다. 거시적인 시장의 이슈와 거대 자금의 흐름을 파악하는 차원에서라도 주식 투자를 병행하는 건 어떨까. 아, 물론 조급해하지 않으며 잉여 자금만으로. 경락잔금대출과는 다르다. 신용, 미수 이런 건 쓰지 말자.

3 결국 꺼지지 않는, 무너지지 않는 건 부동산이다. 주식 투자 수익금은 수시로 출금해 법정으로 들고 가자. 결국 우리는 입찰하고, 또 입찰해야 한다.

수 :
칼질이 너무 불안해요!

2023년 10월 28일 토요일 오전 11시 55분. KE 0915편에 몸을 실었다. 홀연히. 유난히 호흡이 좋은 어머니와 함께. 이쯤 되면 거의 뭐 절친 느낌이랄까. 하루 전인 27일에 보라매동에 가서 한창 인테리어 공사 중인 현장을 체크했다. 현장 소장님도 뵙고.

"저 내일부터 한 열흘 못 오거든요."

"아, 어디 가십니까?"

"네, 스페인이랑 포르투갈 여행 갑니다."

잠시 머뭇거리던 소장님은 이내.

"아하, 걱정하지 말고 다녀오십시오. 공사는 저희가 착착 다 해놓겠습니다."

그렇게 난 쿨하게 현장을, 서울을 떴다. 농담으로 평소에도

'내 손에 절대 피 안 묻히며 산다'라는 나. 인테리어 공사 중에 내가 직접 뭐 할 건 없지 않나. 소장님 믿고 전적으로 다 맡길 수밖에. 그럼 오픈까지 적어도 한 달은 뜰 텐데, 이때 아니면 언제 뜨겠나 싶어 진짜 떴다. 심지어 모친께서 지난봄에 결제 완료한 여행. 양심적으로 유로화는 아들이 환전했다. 어머니 덕에 감사히 포르투갈 와이너리 가서 포트와인 한잔하고, 스페인에서 하몽도 꽤 먹었다. 모자母子의 인생 사진도 여럿 남기고. 그렇게 꿈같은 열흘을 보내고 현실 복귀. 서서히 포케집 점장이 될 날이 다가오고 있었다.

부동산 경매보다 할 일이 훨씬 더 많은 '오픈 준비'였다. 여기저기 돈 보낼 일도 많고, 주고받을 서류도 많고, 날인해야할 곳도 많고 여간 복잡한 게 아니었다. 경매가 훨씬 쉽더라. 과정만 따지면. 컬러풀한 색감으로 MZ 세대를 사로잡을 인테리어가 완성되어 갈 때 즈음, 난 '포케올데이 광화문점'으로 이틀 출근했다. 진짜 요식업자가 될 날이 다가오고 있었다.

자취를 오래 했지만, 집에서 소고기 구워 먹는 정도의 요리(?)만 해왔던 나. 햇반이라는 획기적인 아이템 등장 이후 쿠쿠 밥솥은 중고나라로 팔아버렸던 나. 원데이 쿠킹 클래스 이후 정말 오랜만에, 아니, 거의 뭐 처음으로 제대로 조리란 걸 해봤다. 해야 했다. 예리한 눈빛으로 줄곧 나를 주시하던 광화문점의 매니저님.

"아니, 잠시만요. 칼질이 너무 불안해요!"

"아, 네…"

늘 당당한 나인데, 주방에선 꽤 주눅 들던 교육생. 연어, 채소, 닭가슴살 등 다양한 식재료를 칼다운 커다란 칼로 꾹꾹 눌러 잘 랐다. 골프에서 그립이 중요하듯 칼을 쥘 때도 힘주며 자를 수 있 는 엄지와 검지를 활용한 그립(?)도 배웠고. 손잡이에서 가까운, 힘이 잘 들어가는 두꺼운 칼날을 활용하면 재료들이 으스러지지 않고, 깔끔하게 잘린다는 것도 익혔다. 재미있었다. 흥미로웠다. 뭔가 또 새로운 세계이다 보니. 그렇게 차근차근 요식업자가 되어 가던 부동산업자.

출국 전, 현장을 방문한 지 딱 한 달 되던 날이자 내 생일. 11 월 28일에 '포케올데이 보라매점' 문을 열었다. 그야말로 'Grand open'. 본사 지정 오픈 예정일이 생일이라 며칠 미뤄줄까 기대했 건만.

"오, 점주님 생일에 오픈이라니 대박 나시겠어요!"

"아, 네…"

본사의 타임 테이블은 굳건했다. 하하. 의미 부여하기 좋아하 는 내게도 생일에 오픈한다니 뭔가 특별하긴 했다.

요식업자 데뷔일. 생애 처음으로 음식 팔아 수익 올린 밤. 조 기 마감하고, 파티했다. 오픈 파티이자 내 생일 파티. 내 명의의 주택이나 상가가 아닌, 영업장에서 가족들과 함께. 잊지 못할, 흥 미로운 생일 밤이었다.

포케올데이 보라매점장

그렇게 호기롭게 오픈한 포케집. 시간 참 빠르다. 언제 올까, 오긴 오나 했던 오픈 1주년. 또 파티했다. 겁도 없이 뛰어든 이 요식업계에서도 참 많은 걸 배웠고, 배우고 있다. 부동산 투자와는 다른 매력이 있지만, 쉽지 않은 분야이기도 하다. 책으로 배우는 이론보다 단 한 번의 경험을 더 소중히 여기는 나인데, 굳이 또 요식업이란 걸 이렇게 경험하고 체감해 본다.

장사나 한 번 해볼까? 이런 마인드로 이 요식업에 뛰어드는 젊은이들이 참 많단다. 직장 다니며, 고작 그 월급 받아서는 '이생망'이라는 2030 세대들. 퇴직하고 치킨집 열던 아빠 세대와는 달리 회사 입사 안 하고, 곧바로 자기 가게 차린단다. 물론 난 찬성한다. 회사의 부속품으로, 남을 위해 사는 삶을 살아봤고, 의미 없단 걸 잘 알기에. 일찌감치 도전하고, 본인의 것, 본인을 위한 삶을 사는 젊은 자영업자 친구들을 강력히 지지한다. 물론 쉽지는 않지만. 결과가 만족스럽지 못할 수도 있지만. 그건 그들의 몫. 아, 나 역시 내 포케집의 성과 혹은 결과를 오롯이 내가 누리고, 짊어지는 중.

내가 요식업, 그중에서도 포케집을 차린 이유는 명확하다. 딱 하나다. 부동산 투자보다 수익률이 높을 것 같아서. 상가 사서 월 임대료 받는 것보다, 상가 임차 후 포케 팔아 남는 수익이 더 크리라 판단해서. 물론 실제로 운영해보니 기대 수익률만큼 결과 내기가 마냥 쉽지만은 않단 걸 배웠지만. 좌충우돌했던 지난 일년여 시간에 참 감사하다. 늘 하던 경매만 했다면 만날 수 없는 사람들, 다른 관점의 경험, 지식을 과하게 얻었기에.

우리 직원들은 다 '갓생'을 산다. 정말 열심히 산다. 평일에는 직장 다니고, 주말에 우리 지점에서 아르바이트하며 부수입을 올리는 친구. 대학교 다니면서 수업 없는 날에 일하는 친구. 나보다 더 주인의식 갖고, 청소며, 고객 응대며 더 열정적으로 임해주는 친구. 늘 내 능력 이상으로 인복이 넘치고, 그러한 현실에 감사하는 나인데 '포케올데이 보라매점' 덕에 표현하기 힘들 정도로 감사한 존재들을 더 얻게 됐다. 난 20대 때, 이들만큼 열심히 살았나 반추해 보기도 했다. 무한히 감사하다. 각자의 능력이 남다르고, 재능 넘치는 인재들이 모여 함께 웃고, 요리하고, 즐기기도 하는 공간. 스무 살 차이가 나도, 정신 연령 어린 점장과 잘 놀아주던(?) 나의 모든 직원에게 감사하다. 본인의 꿈과 미래를 위해 웃으며 떠나간 모든 친구가 다 소중했다. 늘 얘기했다, 그들에게.

"신용카드 리볼빙 같은 거 하지 말고, 착실히 종잣돈 모아서 저랑 부동산 경매하는 거예요, 여러분!"

언제든 다시 봅시다, 나의 소중한 직원들이여. 늘 응원합니다. 인생 깁니다. 이곳에서 헤어지더라도 우린 다시 만날 겁니다. 그러니 재회하는 그 날까지 모두 건강히. 언제나 미소 가득히.

녹인의 notice!

1 부동산 경매보다 수익률이 더 높을 뭔가가 있다면, 과감히 도전해 보자. 부동산을 보는 시각이 달라지고, 기대 이상의 여러 자산을 더 얻게 될 것이다.

2 사람이 중요하다. 인연은 소중하다. 인생 길다. 다 돌고 돈다. 어디서 어떤 관계로 만나든 내 사람이다 싶으면 진심으로 대하자. 돈복보다 인복이 낫더라. 인복이 돈복도 끌어와 준다.

3 요식업 쉽게 보지 마라. 생각보다 할 일 많고, 상상 이상으로 힘들다. 체력, 능력, 실력, 재력 등 모든 게 힘에 부칠지도. 한 번쯤 해보는 건 말리지 않겠다. 재미있더라. 겁 없는 존재라면, 꼭 도전해 보시길.

금 :
친절한 이 교수

"28살이요!"

"네? 네. 저도 그런 때가 있었죠. 그런데 28살이면 여러분 앞에 서기 좀 어리겠죠?"

"실물이 훨씬 나아요!"

"네, 저도 알고 있습니다."

"하하하. 까르르."

난 솔직한 사람이다. 팩트만 말한다. 실제 오프닝 때 거의 매번 이어지는 대화 패턴(?)이다. 강의는 이렇게 까르르 웃으며, 분위기 좋게 시작하는 편. 그렇다. 나의 또 다른 캐릭이자 부캐는 '이 교수'이다.

아나운서로 가히 15년. 쌓이고, 더해지고, 축적된 이론과 실

야, 너두 경매 할 수 있어!

언제나 친절한(?) 이 교수

제 노하우를 아끼지 않고 풀어낸다. 대한민국엔 참 많은 공기관이 있더라. 서울, 경기, 충북, 충남, 경남, 대구, 강원에 제주까지. 전국을 다 누빈다. 공직자 선생님들도 많다. 갓 임용된, 이글거리는 눈빛의 신규 공직자 연수부터 여유 넘치는 손짓으로 나와 농담도 주고받는 6급 고위 공직자들의 5급 승진 심사까지. 수많은 선생님과 함께하며, 나의 특기이자 취미인 '말하기'를 즐긴다. 엄연히 강의이자 목적이 있는 교육 과정의 교수진으로 출강하는 나인데, 내가 늘 제일 신나있다.

스피치 스킬부터 고급 애티튜드, MZ 세대와 소통하기, 갈등 타파, 보고서 작성, MBTI 유형별 대응법 등 아나운서로서 얻고, 갖춘 모든 걸 모조리 방출한다. 4시간 정도는 강의해야 최소한의 것들을 다 전해드릴 수 있다. 종종 2시간, 심지어 1시간짜리 강의를 의뢰받을 때도 있는데, 조금 곤란하긴 하다. 주어진 시간이 너무 짧아서. 서너 시간씩 쉬지 않고 말하면 힘들지 않냐고 묻는 이들도 있지만 난 4시간이 딱 맞더라. 원래 말이 많기도 하니 잘 지치지도 않고. 아주 가끔 온종일, 정말 아침 9시부터 오후 5시까지 쭉 달리는 강의를 할 때는 조금 힘들긴 하다. 결론은 난 딱 4시간용(?)이라는 것.

강의가 완벽했든 완전 별로였든 둘 중 하나일 때는 질문이 적다. 아예 없기도 하다. 내 강의는 특이하게도 종료 직전에 질문이 폭발하는데, 좋은 건지 나쁜 건지. 흥미로운 건 스피치나 언론 관련 강의 후에도 수업 내용에 관한 질문은 없다는 사실. 부동산 관련 질문만 폭발한다는 사실.

"자금 얼마나 있으면 경매할 수 있습니까?"

"대출 그렇게 많이 받으면 무섭지 않나요?"

"월세 한 달에 얼마나 받으시나요?"

등등 무수히 쏟아진다. 공직에 몸담은 분들은 삶이 고요한 편이라 하시더라. 폭풍우 몰아치는 민간 조직원의 삶과는 달리 가늘고 길게, 동시에 평온하게, 그래프 등락 적게, 오래오래 가는 게 성공이라며. 그래야 5급, 6급 승진 시험도 보고 나(?)도 만날 수 있다며. 그래서인지 급수(?)가 높아질수록 질문이 예리하게 날 찌른다. 물론 그 폭탄의 양도 많고.

자연스레 언론학 강의와 별개로 '부동산 경매'와 '인생 2모작 재테크' 등의 주제로도 강의를 오픈하게 됐다. 이 분야는 알려드릴 것과 생생한 스토리가 더 많기에 최소 4시간에서 6시간 커리큘럼으로 꽉꽉 채웠다. 하지만 기억하는가? 난 부동산 경매를 독학했다. 단 1원도 쓰고 싶지 않아 유료 강의 수강한 적 없고, 무료로 오픈된 유튜브 영상과 50여 권의 책 보며 공부했다. 책조차 바이블 삼아 소장할 가치가 있는 서너 권만 샀고, 나머지는 모조리 마포중앙도서관에서 빌려봤다. 그러니 내가 경매 공부에 쓴 실투자 금액은 채 10만 원이 안 된다. 투자 대비 수익률이 높지 아니한가? 공부할 때도 이렇게 숫자를 따졌다. 자기 자본 비율(?)을 최소화했다. 그러니 여러분, 제 강의를 수강하지 마시길. 으응?

뭐 어쨌든 경매 공부는 각자 하고도 현장 학습을 함께할 수 있으니. 다들 손잡고 법원 입찰 투어 다니는 그날을 그리며. 멤버 여러분 모두 지금 읽는 이 책 들고, 서울중앙지법 앞에 옹기종기 모여 인증샷 하나 남기면 재미있겠죠? 하하. Shall we?

녹인의 notice!

1 부동산이든 경매든 공부는 열심히, 최선을 다해 빡세게(?) 해야 한다.
  친구들이 뭐 물어볼 때 술술 다 답할 수 있을 경지에 올라야 한다. 그
  때가 고이 모은 내 종잣돈 들고 첫 입찰 하러 갈, 경매 시장 데뷔 적기
  이다.

2 공부를 위한 공부를 하지 마라. 이것저것 보이는 대로 다 등록하고,
  수강하고. 절대 그러지 마라. 그 돈 아껴 맛있는 거 더 사 먹고, 힘내서
  소액 빌라라도 당장 입찰하라. 이론보다 경험이다. 2년 공부하고, 입
  찰 단 한 번도 안 해본 이도 있더라. 공부를 위한 공부는 아무 의미 없
  다. 정말 무의미하다.

3 입찰도 해봤고, 물건 분석 정도는 1분 안에 끝내신다면 그때 우리 만
  납시다. 서로의 시각과 통찰을 뽐내봅시다. 어디에서 만나냐고요? 걱
  정하지 마세요. 만날 사람은 언제 어디에서든 다 만나게 되어 있습니
  다. 우리도 그러할 겁니다. I'll see you soon!

야, 너두 경매 할 수 있어!

오늘보다 내일 더 잘 사자, 잘 살자

추석 연휴의 마지막 날입니다. 이번에도 대구 본가에 내려가지 않았습니다. 고대했던 텅 빈 서울, 고요한 나의 이 도시에서 정적인 나날을 보냈습니다. 너무나 많은 일에 치여 살았는지, 최근 '무인도 입도⑺'를 줄곧 꿈꿔왔는데 살짝 현실이 된 듯한 느낌입니다. 정말 잠만 자며, 긴긴 연휴를 보냈거든요. 진정 눈 감고 있던 시간이 깨어있던 시간보다 많았던 것 같네요. 이렇게 재충전하며, 24년 4분기를 준비합니다.

여러분은 현생에 만족하시나요? 아니, 당장 어제는 어땠나요? 괜찮았나요? 오늘은 내일 반추하며, 평가하기로 하죠. 고백건대 저 또한 현실에 그렇게 만족하며 살지는 않습니다. 근래 몇 년간 좀 휘청이고 있죠. 꿈이 없거든요. 스무 살 땐 새해 첫날에 꼭 세 가지 목표를 세웠더랬죠. 토익 만점 받기, 학점 4.0 넘기기, 아나운서 공채 3차까지 오르기 등이 떠오르네요. 연말이 되면 몇 개나 이뤘나 쓱 돌아봤고요. 거의 매해 성취에 기뻐하기보다 반성하기 바빴던 것 같습니다만요. 그래도 꽤 순수한 20대였죠.

제 삶 속에서 '결핍'이라는 어휘는 그리 크게 존재감을 드러내지 않았고요. '갈망'이라는 단어의 비중이 매우 컸습니다. 없는 걸 얻으려 하기보다, 있는 걸 더 가꾸고, 늘리고, 키워내는 삶을 살아왔습니다. 늘 부모님께 감사한 마음 가득하고요. 늘 저를 긴장케 한 존재 또한 부모님이기도 합니다.

"건축 안 하고, 아나운서 하겠습니다!"

선포하는 아들에게 어머니는

"아나운서는 아무나 하니?"

하셨고, 아버지는

"아들, 네가 아나운서 할 정도의 목소리는 아니지 않니?"

하셨습니다. 정말 쿨하게(?) 냉정하게 아들을 평가해 주신 두 분 덕에 늘 안주하지 않고 정진할 수 있었습니다. 물론 어머니께는

"아니, 아무나 못 하는 거니까 내가 하겠다는 거지. 아나운서."

라고 대꾸했고, 아버지께는

'아니, 내 목소리의 약 84%가 본인 음성일 텐데 그렇게 말씀하신다고?'

라며 마음속으로 따졌습니다. 뭐 어쨌든 그렇게 자라온 아들이 30대 중반을 넘겨 '부동산 경매'를 한다고 선언했을 때 두 분은 또 뭐라고 하셨을까요?

"경매, 그 어려운 거 아무나 할 수 있는 거니?"

라고 어머니는 툭 던지셨고, 아버지는 아무런 대꾸, 대응조차 하지 않으셨습니다. 입찰하러 다닌 지 8개월쯤 후 낙찰받아 잘 꾸민 제주도 집에 모시니, 하룻밤 주무신 후에 스윽 미소 지으시며 한마디.

"뭐, 좋긴 좋네." 하셨습니다.

부동산이 정답은 아니라고 이미 말씀드렸습니다. 다만 '부족한 채로 살 것이냐, 더 채우며 이상과 현실의 간극을 좁혀나갈 것이냐.'에 대한 답을 찾고 있다면 숙고하시기 바랍니다. 어쩌면 이 책을 독파하고 지금 이 에필로그를 읽는 그대라면, 그 답으로 '부동산 투자'를 택한 걸지도 모르겠네요. 2022년 여름의 저처럼 말이죠. 정답을 몰라도 됩니다. 해답을 잘 찾으면 됩니다.

추석 연휴 내내 침대와 밀착하다 딱 한 번 외출했습니다. 오랜만에 제 고향과도 같은 '여주 프리미엄 아울렛'에 나들이 다녀왔네요. 여주 쌈밥도 먹었고요. 제가 쇼핑 좀 잘하는 건 이제 다 아시죠? 신세계 상품권 잊지 않고 챙겨갔습니다. 5% 할인한 금액으로 당근마켓에서 야금야금 매입해 둔 아이들 말이죠. 나이키는 추가 세일을 하더군요. 무려 25%나. 3개 득템했는데, 너무 싸게 사서 가격이 이게 맞나 싶을 정도였답니다. 17만 원짜리 독특한 바지를 4만 원대에, 9만 원 대 조던 셔츠를 3만 원대에 사면서 또 뿌듯해했죠. 역시 물건은 싸게 싸게 사고, 할인은 많이 많이 받아야죠. 그래야 쇼핑할 맛 납니다. 저는 절대 정가 주고 물건 못 삽니다. 안 삽니다. 백화점 안 간 지 한참 됐네요. 아 물론 가긴 갑니다. 식품관 할인 시작하는 저녁 7시 즈음에요.

부동산 경매 그리 어렵지 않습니다. 아울렛 쇼핑 같은 겁니다. 정가보다, 아니 부동산은 정가가 없으니 시세보다 싸게 사면 됩니다. 조금 더 구체적으로 보자면 '급매가'보다 낮은 금액 쓰고 낙찰해야겠죠. 아파트라면 단지 내 부동산에서 동과 호수 골라 살 수 있는 최저가인 급매가보다는 덜 줘야 하니까요. 경매는 우리가 동, 호수까지 고를 수는 없잖아요. 물론 종종 '고가 낙찰'하기도 합니다. 허허. 사전 조사가 덜 됐을 때는 그런 실수도 하게 되겠죠. 그런데도 부동산이 낫습니다. 주식보다도. 다른 어떠한 투자처보다도. 집이나 건물은 주식이나 코인처럼 폐지되거나 삭제되지는 않으니까요.

태풍에 날려가거나, 박살 나지도 않을 거라고 봅니다. 그런 극단적인 상황은 아직 대한민국에서는 그다지. 부산 해운대 마린시티의 1층 상가나 초고층 주상복합은 태풍 때문에 유리창이 깨지기도 하지만요. 그런 물건은 잘 피하면 됩니다. 아, 저 마린시티 좋아합니다. 해운대구민 여러분 오해하지 마시길. 저도 무려 5년 동안이나 마린시티 인근 주민이었답니다. '이레옥' 단골이었고요.

반포에서 시작해 잠실, 용산, 마포, 안암, 부산 해운대구, 대구 수성구 등 '이길동'답게 전국 시도를 오가며 살았습니다. 저보다 이사 더 많이 다닌 분들 많겠죠. 그렇다면 이미 괜찮은 조건을 갖춘 셈입니다. 어렵지 않습니다. 내가 살았던, 현재 사는, 훗날 살고 싶은 동네부터 차근차근 돌아보시죠. 그렇게 여유롭게 임장하다 잘 아는 아파트가 물건 리스트에 등장하면 망설이지 말고 입찰해 보시고요. 그렇게 시작하는 겁니다. 그러다 법원에서 저, '녹인' 만날 수도 있고요. 부동산 경매, 그렇게 어려운 거 아니더라고요. 제 스토리만 봐도 동의하시죠?

얼른 입장하시죠. 부동산 아울렛으로. 제 책이 여러분에게 'Invitation card'로 다가가길. 선택은 여러분의 몫입니다. 결핍과 갈망의 사이 어딘가를 걷고 있는 현재의 우리. 앞에서 기다리고 있겠습니다. The choice is yours! 오늘보다 나은 내일. 잘 사서 더 잘살아 보죠, 우리. Shall we?

독자 넘어 동료가 되어주시길,
조우할 그날을 기다리며
녹인.

야, 너두 경매 할 수 있어!

초판 1쇄 인쇄 2025년 1월 2일
초판 1쇄 발행 2025년 1월 8일

지은이 이현동
발행인 전익균

이사 정정오, 윤종옥, 김기충
기획 조양제
편집 김혜선, 전민서, 백연서
디자인 페이지제로
관리 이지현, 김영진
마케팅 (주)새빛컴즈
유통 새빛북스

펴낸곳 도서출판 새빛
전화 (02) 2203-1996, (031) 427-4399 **팩스** (050) 4328-4393
출판문의 및 원고투고 이메일 svcoms@naver.com
등록번호 제215-92-61832호 **등록일자** 2010. 7. 12

가격 19,000원
ISBN 979-11-91517-88-0 03320